PATHIAN SILBAWLTHEIHNA

*Hun kipat tuung apat in
ana kizakha ngei nai sih hi
koiahakhat in
a pian apat mittaw mit a suh vaahsah.
Hih mipa Pathian apat hilou hileh
bangmah A bawl thei sih diing.
(Johan 9:32-33)*

PATHIAN
SILBAWLTHEIHNA

Dr. Jaerock Lee

Pathian Silbawltheihna a gialtu Dr. Jaerock Lee
Sundohtu Urim Books (Representative: Johnny. H. Kim)
235-3, Guro-dong 3, Guro-gu, Seoul, Korea
www.urimbooks.com

A neitu hihna khaam veh ahi. Hi lehkhabu chu a pumpi hi'n a bawngkhat hitaleh a suahtu phalna bei a bangchizawng ahakhat a teisawn ahiai ahihlouhleh electronik, limnamdoh, khumthoh, ahihlouhleh sil dang zanga suahkhiat phal ahi sih hi.

Kiheetsahna dang a um louhleh, Bible thukisoite laahsawnte chu, Holy Bible, NEW AMERICAN STANDARD VERSION apat kila ahi. Copyright © 1960, 1962, 1963, 1968, 1971, 1972, 1973, 1975, 1977, 1995 The Lockman Foundation in a neih ahi. Phalna toh kizang ahi.

Copyright ©2009 neitu Dr. Zaerock Lee
ISBN: 979-11-263-1296-2 03230
Lehdohtheiha Copyright © 2005 neitu Dr. Esther K. Chung. Phalna toh kizang ahi.

A masa a Korea haam a Urim Books in 2004 kum a Seoul, Korea a, a sut ahi.

Sut Khatna September 2005
Sut Nihna August 2009

Endihtu Dr. Geumsun Vin
A Cheimawitu Urim Books Editorial Bureau
Tanchin kimzaw heetna diingin urimbook@hotmail.com toh kithuzaah in.

Pulaahna

Siamtu Pathian silbawltheihna leh Jesu Khrist tanchinhoih tungtawn a haamtei in, mi zousiah in Hagau Siangthou meikuang tobang natoh a tan theihna diingun...

Pa Pathian, May 2003 a Kal-nih Halhthahna Kikhopna – "Silbawltheihna" chih thupi zang a kibawl – hunkhopte kiphuanna apat a Pathian nasataha paahtawi a hihna - apat a thusoite bu khat a hung kisutdoh thiehna diinga hung gualzawltu, kawm ah kipaahthu ka soi hi.

1993 apat in, a kiphuhdoh kum sawm china zoh phet in, Pathian in Manmin Central Church a membarte chu ginna dihtah nei diing leh kumteng a kibawl Kal-nih Halhthahna Kikhopna tungtawn a haga umite hung hi diingin A enkoltou hi.

1999 Halhthahna Kikhopna thupi "Pathian chu Lungsiatna

ahi" chih nuai ah, Ama'n sawina gualzawlna tung diing A phal a huchiin Manmin membarte'n tanchinhoih dihtah luulna hung hedoh in, lungsiatna daan hung zou in, huleh silbawltheihna limdang langsahtu i Lalpa dungsutna ahung nei uhi.

2000 a kumsangbi thah hung suaahdoh hun ah, khovel pumpi a mi zousiah in Siamtu Pathian silbawltheihna, Jesu Khrist tanchinhoih, leh Hagau Siangthou meikuang tobang natohna ahung heetna diingun, Pathian in Moogoonghwa satellite leh internet tungtawn in Halhthahna Kikhopnate chu a peetpeet a ettheih diinga hahdoh thei diingin ahung gualzawl hi.

Pathian Silbawltheihna in mikhat in Pathian in a kituaahpih a huleh A silbawltheihna a tanna silbawltheihna dan tuamtuam, Silsiamna Silbawltheihna Sangpen silsiamsa mihing a diinga silbawltheihna kiphal chiang khel a pai, huleh A silbawltheihna kilatna munte hung umtouhdan hung taahlat a tum hi.

Siamtu Pathian silbawltheihna chu mikhat in Pathian vaah hipa a sutna zahzah in a tung ah ahung tu diing hi. Huban ah, Pathian toh hagau a khat ahung hih chiangin, Jesu'n ana taahlat silbawltheihna tobang a taahlang thei diing hi. Hikhu jiah chu Johan 15:7 a, i Lalpa'n hichiin ahung hilh, "Kei a na um a, huleh Ka thute na juih leh, na deih photmah ngen in, huleh bawlsah na hi diing hi."

Kum sagih natna leh nathuaahnate apat in zalenna a nuamna leh kipaahna kei mimal ngei in kana tang hi, Lalpa dungsuun silbawltheihna nei suaah ka hih theihna diingin ni tampi leh hun tampi Lalpa suaah diinga kouh ka hih nung in anngawl in ka haamtei hi. Jesu'n Mark 9:23 ah hichiin ahung hilh hi, "'Na hihtheih leh?' Sil zousiah a gingtate a diingin a hithei hi." Jesu chiamna ka tudet jiahin ka gingta in huleh ka haamtei hi, "[Koipouh] Kei hung gignta a, ka natohte gingta in, amah in zong, ka bawl bang a bawl diinga' huleh hite sanga thupizaw a bawl diing; ajiahchu Ka Pa kawm ah Ka chiah hi (Johan 14:12). Hukhu jiahin, kumteng a Halhthahna Kikhopna tungtawn in, Pathian in chiamchihna leh silmah limdangtahte ahung musah a huleh suhdamna leh dawnna simseenglouh ahung piaah hi. Huban ah, 2003 Halhthahna Kikhopna a kal nihna sungin, Pathian mittawte, pai theiloute, za theilou, leh haam theiloute tung ah A silbawltheihna latsahna A uangbawl hi.

Damdawilam siamna sangpi tung in huleh khangtou jel mahleh, mittawte ahihlouhleh bilngongte a diinga damna chu ahi thei keeilou bangmai ahi. Pathian haat in, bangteng hizongleh, A silbawltheihna A langsah a huchiin pulpit apat a ka haamteina jiah maimai in zong, silsiamna silbawltheihna natoh in thagui leh zungzam sisate a suthahkiit a, huleh mite'n ahung muthei, zathei, huleh hung haam thei in a um uhi. Huban ah, nungkuulte ahung dingzang va, huleh guhkhauhte ahung kol a huchiin mite'n a chiangphuhte uleh a touna kitawltheite nusia in, dingtou in, a kitawm un, huleh a pai uhi.

Pathian natoh limdang in hun leh munawng peel ah na a sem hi. Halhthahna Kikhopna a satellite leh Internet tungtawn a hung telte'n zong Pathian silbawltheihna ana tuaahkha va, huleh a tuni tan in zong a heetpihna thu ahung kipeluut nalai hi.

Hikhu jiahin 2003 a Halhthahna Kikhopna a thusoite – thudih thu tungtawn a piangthahna tang mihing simseenglouhte'n hinkho thah, hutdamna, dawnnate, leh suhdamna a tang va, huleh Pathian silbawltheihna a tang va, huleh nasatahin Amah a phatna uh – chu lehkhabu khat suahdoh ahi.

Geumsun Vin, Editorial Bureau Director leh a seppihte, huleh Translation Bureau te a natoh vah a guntuh jiah uleh a kipiaahzoh jiahun a tung vah kipaahthu a biihtahin ka soi hi.

Koipouh in Siamtu Pathian silbawltheihna, Jesu Khrist tanchinhoih, huleh Hagau Siangthou hung tang chiat unlal, huleh na hinkhua vah nuamna leh kipaahna hung luangluutta hen – hite tengteng i Lalpa min in ka ngen hi!

Jaerock Lee

Thumapui

Mikhat in ginna dihtah a neihna huleh Pathian silbawltheihna limdang a tan theihna hung kawhmuhtu poimohtah sim ngeingei diing.

Pathian, May 2003, 'Dr. Jaerock Lee toh a sawmlehkhatna Kal-nih Halhthahna Kikhopna,' Pathian silbawltheihna thupi leh limdang laha tung apat thusoite lehkhabu khat a hung sundohsahtu, kawm ah kipaahna leh paahtawina tengteng ka piaah hi.

Pathian Silbawltheihna in khotuahna leh lungsimkhoihna in ahung tuam diing hi, ajiahchu hikhu in Halthahna Kikhopna, "Silbawltheihna" chih thupi nuai kizang, apat thusoi kuaahte, leh Pathian hing silbawltheihna leh Jesu Khrist tanchinhoih tangtaha tangkha mihing tampite apat a heetpihna a tuunkhawm hi.

Thusoi Khatna, "Pathian a Gintaatna," ah Pathian hihna, Amah a bang gingtaat diing, huleh Amah bangchidan a muh theih a huleh heetkha diing chih a soi hi.

Thusoi Nihna ah, "Lalpa a Gintaatna," ah, Jesu leitung a hungna jiah, bang diinga Jesu chauh i Hundampa hi a, huleh Lalpa Jesu a i gintaat chianga hutdamna leh dawnnate kimu ahiai, chih a kisoi hi.

Thusoi Thumna, "Suangmanpha sanga Kilawmzaw Beel," ah Pathian mitmuh a beel manpha, migi, leh kilawm hihna diinga bang poimoh ahiai chih chih leh, hutobang beel tunga hung tung gualzawlna bang ahiai chih a soi hi.

Thusoi Lina, "Vaah," in hagaulam vaah, Pathian vaah hipa toh i kituaahna diing va bang i bawl uh ngai a, huleh vaah nuai a i pai chiang va gualzawlna i tan diing uh a soichian hi.

Thusoi Ngana, "Vaah Silbawltheihna," chu vaah rong chi tuamtuam tungtawn a silsiam mihingte jala kilangdoh Pathian silbawltheihna dan tuamtuam lite, huleh hih dan chih a suhdamna tuamtuam kilangte a tahtah a heetpihnate ah a luutsuh hi. Huban ah, Silsiamna Silbawltheihna Sangpen pulaah in, Pathian silbawltheihna tawp nei lou leh vaah silbawltheihna i tan theih diingdan lampite a bukim in a hilhchian hi.

A pian apat a mittaw in Jesu toh a kituaahkhaahna uh tungtawn a khua ahung muhdan lampi leh khomuh theihlouhna apat khomuhna tang leh suhdam a um mi tampite heetpihna a kinga in, Thusoi Guupna, "Mittawte Mite ahung Kihong Diing," chih in Siamtu Pathian silbawltheihna a tahtah a na heetna diingin ahung panpih diing hi.

Thusoi Sagihna, "Mite Ahung Dingdoh un, Kitawm un, huleh A Pai Diing uh," chih ah, mizeng a lawmte kithuahpihna toh Jesu kawm a hung a, dingdoh a, huleh lampai, chu hoihtaha etchian ahi. Huban ah, Thusoi in zong simtute tuni a hutobang silbawltheihna tangna diinga Pathian mai a ginna natoh bangtobang nei diing ahi viai chih thu ah ahung sunavaah hi.

Thusoi Giatna, "Mite a Nuam un, a Laam un, huleh Lasa in a Um Diing uh," chih chu mi haam thei lou khat Jesu mai a ahung chiangin suhdamna a tang chih tangthu ah a luut a, huleh tuni nasan a hutobang silbawltheihna eite'n zong i tan theih diing lampi ahung pulaah hi.

A tawpna ah, Thusoi Kuaahna, "Pathian Silphatuam Bawlsah Zuau Ngei lou," ah, ni nunungte leh Manmin Central Church a diinga Pathian silphatuam bawlsah tungtaang a soilawh hi – hi tegel chu Pathian Ngei kum sawmnih val paita a Manmin kiphuhdoh apat a ana taahlatsate – a kihilhchian hi.

Hih lehkhabu tungtawn in, mihing simseenglouhte'n ginna dihtah hung nei in, Siamtu Pathian silbawltheihna tang gige in, huleh Hagau Siangthou beelte banga zat a hung um in huleh A silphatuam bawlsah hung tongdoh uleh, chih chu i Lalpa Jesu Khrist min ka haamteina ahi!

Geumsun Vin
Editorial Bureau Director

A sung a thute

Thusoi 1

Pathian A Gintaatna (Hebraite 11:3) · 1

Thusoi 2

Lalpa a Gintaatna (Hebraite 12:1-2) · 25

Thusoi 3

Suangmantam Sanga Kilawmzaw Beel
(2 Timothy 2:20-21) · 47

Thusoi 4

Vaah (1 Johan 1:5) · 67

Thusoi 5

Vaah Silbawltheihna (1 Johan 1:5) · 85

Thusoi 6

Mittaw Mitte ahung Kihong Diing (Johan 9:32-33) · 117

Thusoi 7

Mite Ahung Dingdoh un, Kitawm un, huleh A Pai Diing uh (Mark 2:3-12) · 135

Thusoi 8

Mite a Nuam un, a Laam un, huleh Lasa in a Um Diing uh (Mark 7:31-37). · 157

Thusoi 9

Pathian Silphatuam Bawlsah Zuau Ngei lou (Daanpiaahkiitbu 26:16-19) · 179

Thusoi 1
Pathian a Gintaatna

Hebraite 11:3

Ginna jalin khovelte chu
Pathian thu-a suhtuah khawm ahi chih i he a,
huchiin sil kimute zong sil
kilangte-a siam ahi sih hi.

May 1993 a Kal-nih Halhthahna Kikhopna kizang apat in, mihing simseenglouhte'n Pathian silbawltheihna leh natohna, tulai a damdawite'n a suhdam theihlouh uh natnate chu suhdam a um huleh thulai siamna in a suhveng theihlouh buaina suhveng a, a umna ah, kibehlaptou zing a tahsa ngei un a tangkha uhi. Kum sawmlehsagih sung vingveng, Mark 16:20 a i muh bangun, Pathian in A thu chiamchihnate toh kijui A namdet hi.

Ginna, dihtatna, tahsa leh hagau, hoih leh vaah, lungsiatna leh hutobangte thuuhtaha kisoina tungtawn in, Pathian in Manmin membarte hunkhop hagaulam gam thuuhzaw ah A puiluut hi. Huban ah Halhthahna Kikhopna photmah tungtawn in, Pathian in A silbawltheihna tahsa ngei a mu diingin in ahung pui a huchiin khovel heetpha Halhthahna Kikhopna ahung hita hi.

Jesu'n Mark 9:23 ah hichiin A soi hi, " 'Na hih theih leh? Sil zousiah a gingtate a diingin a hithei hi." Hujiahin, ginna dihtah i neih uhleh, ei a diinga a hithei lou bangmah a um sih a huleh i hawl photmah i mu diing uhi.

Huchi ahihleh, bang ahiai i gintaat diing uh huleh bangchi

gintaat diing ahiai? Pathian chu dihtaha i heet louh va huleh i gintaat louh uleh, A silbawltheihna i tangkha thei sih diing va huleh Amah apat dawnna muh a hahsa diing hi. Hujiahin dihtaha heet leh gintaat chu a poimoh petmah hi.

Pathian Koi Ahiai?

Khatna, Pathian chu Bible bu sawmguup leh guup gialtu ahi. 2 Timothi 3:16 in "Pathian Thu zousiah chu Pathian huhaihkhum ahi," a chi hi. Bible in bu sawmguup leh guup a nei a huleh hikhu chu kum 1,600 hun sung mi tuamtuam sawmthum leh li te'n ana gelh uh ahi. Huchi pum in zong, Bible a lehkhabu chih limdanna pen ahihleh, kum zabi tampi sunga mi tuamtuam in ana gelh uh himahleh, a bul apat a tawp tandong ah a thute a kungkaih veh hi. Soidan tuam in, Bible chu Pathian thu thopna tang mi tuamtuam in a gelh uh ahi. Hujiahin Bible chu Pathian thu ahi chia gingta leh thumangte'n A chiamsa gualzawlna leh khotuahna a tang uhi.

A ban ah, Pathian chu, "Ka Hih chu Ka Hi" (Pawtdohbu 3:14). Milimte mihing ngaihtuahna a kisiam ahihlouhleh a khut in a siam bang hilou in, i Pathian chu Pathian dihtah kumtuang kumtuang masang a um ahi. Huban ah, Pathian chu lungsiatna (1 Johan 4:16), vaah (1 Johan 1:5), huleh hun tawp chianga silbangkim vaihawm diingpa chiin zong a soi theih hi.

Bangteng hileh, hite tengteng tung ah, Pathian in, A silbawltheihna limdangtah toh, vaante leh lei a sil um zousiah A siam chih i manghilh louh diing uh ahi. Amah A Haatpa Silsiam hun apat a tuni tan a A silbawltheihna limdangtah dettaha taahlangpa ahi.

Sil Zousiah Siamtu

Siamchiilbu 1:1 ah, "A chiil in Pathian in vaante leh lei A siam," chih i mu hi. Hebraite 11:3 in hichiin a chi hi, "Ginna jalin khovelte chu Pathian thu-a suhtuah khawm ahi chih i he a, huchiin sil kimute zong sil kilangte-a siam ahi sih hi."

Hun kipat tuung a silte a awng banga a um hun ah, Pathian silbawltheihna tungtawn in khovelte bawl ahi. A silbawltheihna in, Pathian in vaan a ni leh ha, singnou leh singkungte, va leh ganhingte, tuipi a ngate, leh mihing A siam hi.

Hih thudih a um vangin, mite'n Siamtu Pathian a gingta sih uhi ajiahchu silsiamna kisoidan chu khovel a heetna ahihlouhleh siltuaah a neih uh toh a kikalh beehseeh hi. Etsahna in, hutobang mite lungsim ah, khovel a sil umte zousiah chu bangmah lou apat a Pathian thupiaah jala hung umdoh chih chu sil hitheilou ahi.

Hikhu jiahin silte awlawl a hung piang ahi chih ngaihdan (evolution theory) chu ahung piang hi. Hih ngaihdan pomtute'n ganhingte chu amah a hung umdohkha, amah a hung piangkhia, huleh hung pung chiin a pang uhi. Hutobang heetna kiphuhna toh Pathian in khovel A siamna thu a nual va ahihleh, Bible pumpi a gingta thei sih uhi. Vaangam leh meidiil a um chi a thu kisoi a gingta thei sih uhi ajiahchu hutah ah a chiahkha ngei sih va, huleh Pathian Tapa mihing in ahung piang, si, thoukiit, leh vaan ah A kaltou chi a gingta thei sih uhi.

Ahihvangin, siamna ahung kibehlap dungjuiin, 'evolution' kichi dihlouhna ahung langdoh a himahleh silsiamna dihdan hung kiphutdet semsem in a umtou jel hi. A chetnate a banban in luidoh sih mahlei, silsiam chu a dihna chihna diing chetna a dim in a um hi.

Siamtu Pathian a I Gintaat Theihna Diing uh Chetnate

Hitah ah hutobang etsahna khat a um hi. Gam zanih val huleh mihing nam tuamtuam hunkhoppi dang zong a um hi. Ahinlah, mikang, mivom, ahihlouhleh mieng hitaleh, a bawn un mi nih a nei uhi. A bawn un bil ni, naah khat, huleh naahkohawm nih a nei veh uhi. Hitobang mahin mihingte chauh hilou in, hizongleh lei ganhingte, vaan a vate, huleh tuipi a ngate zong ahi. Saipi mawl chu a let leh a sau tuam jiahin, naahkohawm nih sanga tamzaw nei ahi chihna ahi sih hi. Mihingte, ganhingte, vate, leh ngate chih in kam khat a nei va, huleh a kam uh umna mun a kibang veh hi. Ganhing tuamtuamte lah ah a chihiang uh umna neukhatkhat a kibang sih a, hizongleh a umzia uleh a umna munte uh a tamzaw chu a chituamna a um sih hi.

Hikhu tengteng bangchidan in "amah a hung um" ahi thei diai? Hikhu chu Siamtu khat in ana leptuaah a huleh mihing, ganhing, vate, leh ngate ana siam ahi chih chetna hoihtah khat ahi. Siamtu khat sanga tamzaw ana um hileh, ganhingte hung umdan leh kisiamdan chu siamtute tamdan leh deihdan tuam dungjuiin a tuam diing hi. Ahihvangin, i Pathian Siamtu khat chauh ahih jiahin, silhing zousiah chu siamdan kibang a bawldoh ahi.

Huban ah, silumte leh khovel ah chetna simseenglouh a um hi, a bawn un, Pathian in silbangkim A siam chih a gintaatna ah ahung pui thei hi. Romte 1:20 in, "Ajiahchu khovel siam chiila kipana a silmuhtheihlouhte, a kumtuang silbawltheihna leh a Pathianjia natan chiang silsiamah akilanga, chiantaha muhin a um hi; hujiahin suanlam diing anei sih uhi," chia ahung hilh bangin, Pathian in silbangkim ana lemtuaah a huleh A bawl hi huchia A um ahi chih nial ahihlouhleh pomlouh theihlouh ahihna diingin.

Habakkuk 2:18-19 ah, Pathian in, "A bawltuin ana bawl milem bawlthuhin bang lawhna anei ei; milim sunthuh, juau hilhtu, milim haamtheilou bawl diinga, hutaha a natoh kingahna nei a bawl tu in bang lawhna anei ei? Sing kawm a, Halhin, chia, huleh suang haamtheilou kawm a, Thouin, chitu atung agih hi! A hilh mahmah diai! Ngaiin, sanate, dangkasiihte kiluankhum ahia, huleh a sung ah haihna mawngmawng a um sih hi," A chi hi. Na lah va koitobangin Pathian heloupi a milim na na toh va ahihlouhleh na gintaat va ahihleh, na lungtang uh pekhia a na sualnate uh na kisiih pumlum diing uh ahi.

Siamtu Pathian a I Gintaat Tahzet Theihna diing uh Bible a Chetnate

Mihing tampi a kiim va chetna simseenglouh a tam um napi a Pathian a gingta thei lou a um uhi. Hujiahin, A silbawltheihna langsah in, Pathian in A um ngei hi chih chetna diingin a kilangchiangzaw leh nialguallouh chetna tampi ahung langsah hi. Mihingte'n a bawl theih louh silmah tampi toh, Pathian in mihingte chu Amah a um ngei chih ah leh natoh limdangtah a i gintaat diing uh ahung phalsah hi.

Bible ah, Pathian silbawltheihna kilatdohna muhtheih diing tampi a um hi. Tuipi San a kiphelsuah a, nisa a khawl in ahihlouhleh a kinungleh a, huleh vaan apat in meikuang sawlsuh ahi. Gamdai a tuikha tuihum, suang apat hung kikhohdoh tui dawntheih ahung suaah hi. Misi kaihthoh, natnate suhdam, huleh gaal lelh diing ngawingawi zoh a um in a um hi.

Mite'n Pathian haat a, a gintaat va huleh Amah kawm a, a

nget chiangun, A silbawltheihna ngaihtuah phaahlouh a tang thei uhi. Hujiahin Pathian in A silbawltheihna kilatna leh gingta diinga ahung gualzawlna toh kisai siltungte Bible ah ana gelh hi.

Huchi teng ban ah, A silbawltheihna chu Bible chauh ah kimu sih hi. Pathian chu kiheng lou ahihjiahin, chiamchihnate, silmahte, huleh A silbawltheihna natoh simseenglouhte tungtawn in, tuni a khovel pumpi a gingtu dihtahte tungtawn in A langsah hi. Ama'n ahungna chiam ngei hi. Mark 9:23 ah, Jesu'n, "Na hihtheih leh? A gingtate a diingin silbangkim ahi thei hi," A chi hi. Mark 16:17-18 ah hichiin ahung hamuan hi, "Huleh a gingtate chu hi chiamchihnatein ajuui diing: Ka minin dawite a nohdoh diing va; haam thahtein ahaam diing uh. Guulte khut in a la diing va; sih theihna sil bangchi bang dawn zongleh uh bangma a chi sih diing uh; huleh damloute tung ah khut anga diing va, a dam jel diing uhi."

Manmin Central Church ah Pathian Silbawltheihna A Kilang

Pastor kumlui a ka sepna mun, Manmin Central Church ah,

*"Ka hinna na hutdam laiin
bangchituha kipaah ka hiai....
ka chiangphuh ah ka damsung teng
kinga diing ka kisa hi...*

*Tuin, ka pai thei...
Pa, Pa ka kipaah hi!"*

Deaconess Johanna Park, pailawng a um zing in, haamteina a don zohin a (chiangphuh) a paihkhiah a huleh a pai hi.

Siamtu Pathian silbawltheihna natoh chu khovel ningchin a tanchinhoih thehdalhna diinga pan a laah touh jelna ah a hun zousiah in a kilang kiitkiit hi. 1982 kum a a kiphuhdoh apat tuni chianga ah, Manmin in Siamtu Pathina silbawltheihna toh hutdamna lampi ah mihing simseenglouhte a puita hi. A silbawltheihna natohte laha chiamteh thampen chu natnate leh damlouhnate suhdamna ahi. Mi tampi "suhdamtheihlouh" natnate cancer, TB, zeng, huaahlam buai, chilpawm, guhna, sisan natna, a dangte zong tel in, suhdamsah ahi. Dawite nohdoh ahi a, keengbaite ahung ding va huleh pai in ahung tai va, huleh tuahsiatna jiaha zengte chu ahung hoih uhi. Huban ah, haamteisah a, a um zoh phet un, meikang khawhtah thuaahte chu a nung a meikangpawn chizathuaitah um sese lou in suhdam in a um hi. A dangte a tahsa uh hung khauh leh huaahlam buaina jiaha ahihlouhleh huih hoihlou napkha jiah khophawhlou a umte chu khuaphawhsah leh a peetpeet a damngal in ahung um hi. Huban ah midang a naah nawn loute zong haamteina a don zoh un ahung hing kiit uhi.

Midang tampite, kiten kum nga, sagih, sawm, sawmnih tanpha a nau nei loute'n zong haamteina a don zoh nung un nau neihna diingin gualzawlna a tang uhi. Mimal simseenglouhte

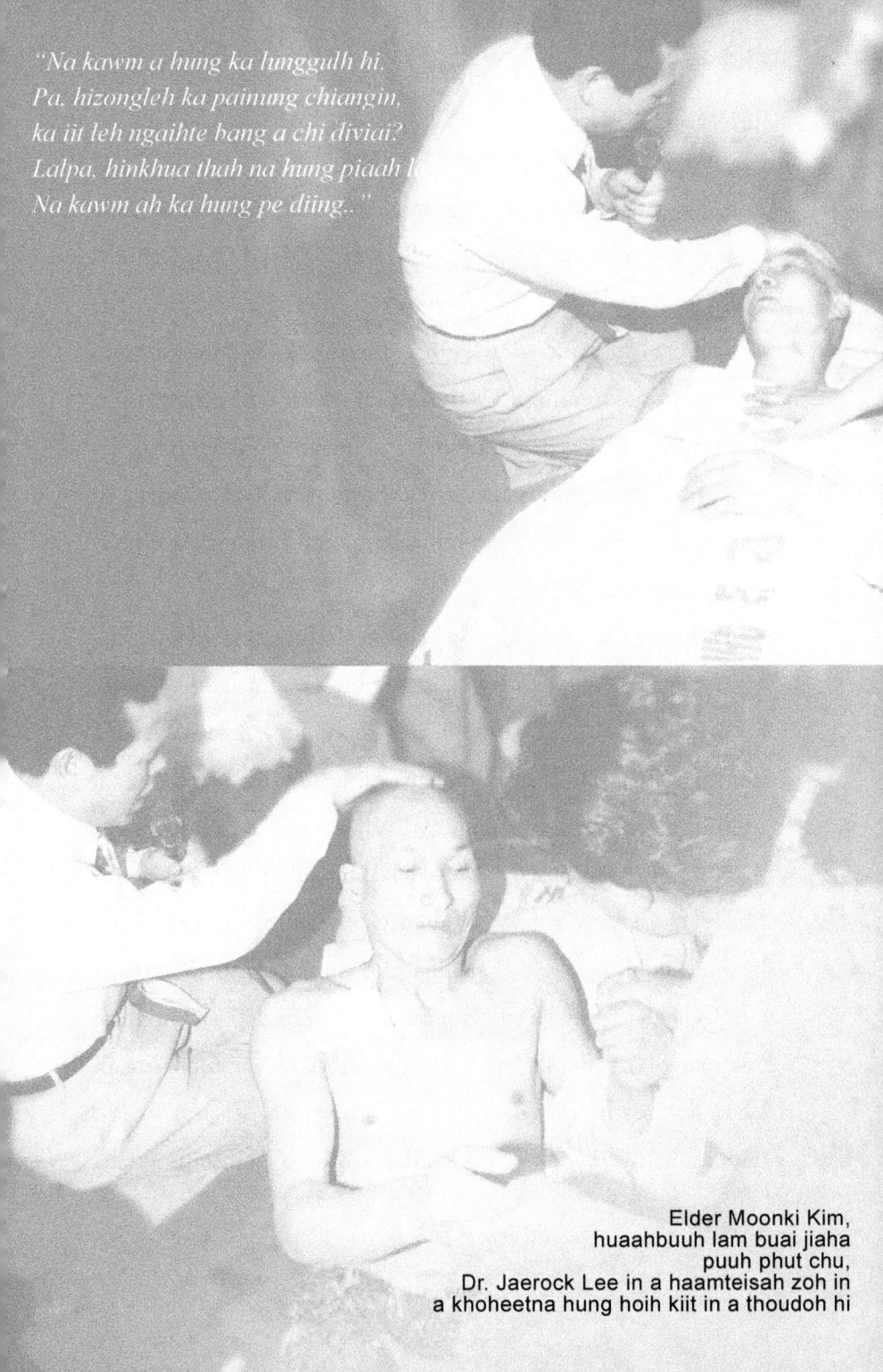

"Na kawm a hung ka lunggulh hi,
Pa, hizongleh ka painung chiangin,
ka iit leh ngaihte bang a chi diviai?
Lalpa, hinkhua thah na hung piaah l...
Na kawm ah ka hung pe diing.."

Elder Moonki Kim,
huaahbuuh lam buai jiaha
puuh phut chu,
Dr. Jaerock Lee in a haamteisah zoh in
a khoheetna hung hoih kiit in a thoudoh hi

khua za, mu, leh haam thei loute'n haamteina toh hihtheihna ahung neih kiittah chiangun Pathian chu nasatahin a paahtawi uhi.

Siamna leh damdawi in kum a kum in, a kumzabi a kumzabi in malam sawnna nasatah neitou jel mahleh uh, thagui sisa suhhing kiit theih ahi sih a huleh mittaw ahihlouhleh bilngong chu suhdam theih ahi sih hi. Ahihvangin, Pathian haat in bangteng A bawl thei a, huchia bangmah lou apat a silkhat ahung bawl touhna ah.

Pathian haat silbawltheihna chu keimah ngei in ka tangkha hi. Amah a ka gingtaat ma in kum sagih sung sihna kotkhaah bul ah ka ding hi. Ka mit chihlouhsiah, ka sapum zousiah ah natna ka nei a, huchiin "natna dawrpi" chia minvoh in ka um hi. Suahlam leh Tumlam damdawi, phaah damdawi, lou apat damdawi kibawl zousiah, vompi leh uite zunbuuh, keengtamte, huleh eehtui tanpha dawn in phattuam bei in bangteng ka bawl hi. Huh kum sagih gimthuaahna hun sung ah ka theihtawp in pan ka la hi, hizongleh suhdam in ka um sih hi. 1974 a khokhaal laia mangbangtaha ka um laiin, gintaathuai lou khop siltuaah khat ka nei hi. Pathian ka muh phet in, ka natna leh damlouhnate zousiah ahung suhdamsah hi. Ka tahsa tung laha nuammoh ka sah sil neuchachate zong, ginna toh ka haamtei zoh in suhdam veh in ka um hi.

Kei leh ka innkuante ban ah, Manmin membar tampite'n Pathian haat chu chihtahtahin a gingta uh chih ka he a huleh huchiin, amaute chu tahsa ah a chidam va huleh damdawi ah a kinga sih uhi. Pathian hehpihna tunga kipaahna in, mi tampi ahung hoihdohte'n tuin Pathian natongtu, upa, deacon leh deaconnessste, leh nasemtu ginumtah hi in a um uhi.

Pathian silbawltheihna chu natna leh damlouhnate suhdamna chiang ah a bei sih hi. Kouhtuam chu 1982 kum a phuhdoh ahihjiahin, Manmin membar tamtahte'n ginna toh haamteina a Pathian silbawltheihna in khohunte thunun in guahte khawlsah in, suun nisa nuai a Mammin membarte meipi in a liahkhumna, huleh huihpi hung daihna ahihlouhleh a lampi uh henna chihte tobang siltung simseenglouh a mu uhi. Etsahna in, July leh August ha teng in kouhtuam pumpi nipi kisuhkhawmna a um gige hi. South Korea pumpi chu huihpi leh tuilian jiaha siatna thuaah in um mahleh gamsung a munte kisuhkhawmna kibawlna munte chu guah zutna nasatah leh siatna hung tung dangdangte apat in a bit veu hi. Manmin membarte'n sakhituihuup zong a mu veu va, guah zut louh ni nasan in zong.

Pathian silbawltheihna lamdangzaw nasan a um hi. A silbawltheihna natoh chu damloute a diinga ka va thumsah chet louh in zong a kilang hi. Mihing simseenglouhte'n pulpit apat a kikhawmte zousiah a diinga "Damloute a diinga Haamteina," huleh "Haamteina" cassettete, Internet a kisuahte, leh amah a phone a thusoite tungtawn a suhdamna leh gualzawlna a tan zoh chiangun Pathian nasatahin a paahtawi uhi.

Hubanah, Silbawlte 19:11-12 ah hichiin i mu hi, "Huleh Pathian in Paul khutin silmah limdang tahtahte a bawlsah a; Huchiin a sa tung a kipat in kisiahna puante aha teenthuahte aha bang damloute kawm ah ahung tawi va, a natnate uh a dam jel a, huleh, a sung va kipat dawite zong a pawt jel uhi." Huchi mahbangin, a tung a ka haamteisah rumalte tungtawn in, Pathian silbawltheihna limdang a kilangkhia hi.

Huban ah, damloute limlaahte tunga ka khut ka ngah a huleh ka haamteisah chiangin, suhdamna, hun leh mun peel a pai in khovel pumpi ah, a tung hi. Hikhu jiah ahi, gam polam a chialpi ka bawl chiangin, natna leh damlouhna chintengte, sihtheihna

AIDS zong tel in, Pathian silbawltheihna hun leh mun pel a pai in a peetpeet in a sudam ngal jel hi.

Pathian Silbawltheihna Tanna Diing

Hih umzia chu Pathian a gingta photmah koipouh in Pathian silbawltheihna natoh lamdangtah tang in huleh dawnna leh gualzawlnate a tang uh chihna ahi diai? Mi tampi in Pathian ah a ginna uh a phuangdoh uhi, hizongleh mi tengteng in silbawltheihna a tang tuan sih uhi. A silbawltheihna chu Pathian a na ginna natoh ahung kilatdoh a huleh "kei ah na hung gingta chih ka he" chia ahung heet chiangin na tong thei giap hi.

Pathian in mikhat in koiahakhat thusoi a ngaih a huleh biaahna a "ginna" a ahung tel chiangin A ngaihsah pan diing hi. Ahihvangin, ginna dihtah, suhdamna leh dawnna na tan theihna diingin, Pathian koi hi ahiai, Jesu chu bang diinga Hundampa ahiai, huleh vaangam leh meidiil a um chih na za a huleh na heet a ngai hi. Hikhu na heetsiam a, na sualnate na kisiih a, Jesu na Hundampa a na pom a huleh Hagau Siangthou na tan chiangin,

Pathian ta hihna na tang diing hi. Hikhu chu ginna dihtah kalbi masapen ahi.

Ginna dihtah nei mite'n hutobang ginna heetpih natohte a langsah diing uhi. Pathian in ginna natohte mu in huleh a lungtang deihzawngte uh a dawng diing uhi. A silbawltheihna natoh tangkhate'n Amah a ginna chetna a langsah va huleh Pathian in A pom hi.

Ginna Natohte toh Pathian Lungkimsahna

Hitah ah Bible apat a tehkhinthu tamlou a um hi. Khatna, 2 Kumpipate 5 chu Naaman, Aram kumpi sepaih houtupa tangthu ahi. Naaman in Zawlnei Elisha, Pathian in amah tungtawn thu A soi, thu mang in a ginna natohte a latsah nung Pathian silbawltheihna natoh a tangkha hi.

Naaman chu Aram lalgam a sepaihlian chituambiih khat ahi. Phaah a neih chiangin Namaan in Elisha, silmah limdangtahte bawl a kisoi a va veh hi. Ahihvangin, hutobang a milian leh mizahun Naaman Elisha kawm a sana, dangka, huleh puansilh tampi toh ahung tun chiangin, zawlnei in Naaman kawm ah palaipa a sawl a, huleh hichiin a hilh hi, "Jordan ah va pai inla sagihvei va kidiah in (c. 10)."

A tuungin, Naaman chu muhtheih in a lungthah mahmah a, ajiahchu ama'n zawlnei apat hoihtaha kibawlna a dong sih hi. Huban ah, Elisha in amah a diing a haamteisah naahsangin, Naaman chu Jordan Lui a va kisil diingin sawl in a um hi. Ahihvangin, Naaman in a lungsim a hengpah a huleh a mang hi. Elisha thusoite chu amah deihlam hi sih in huleh a ngaihtuah toh kituaah sih mahleh, Naaman chu Pathian zawlnei thu man sawm in a lungtang a khentan hi.

Naaman Jordan Lui a guupvei a kidiah tan ah, a phaahna chu muhtheih a kiheng bangmah a um sih hi. Ahinlah, Naaman Jordan a sagihvei a kidiah chiangin, a tahsa chu ahung hoih kiit a huleh naupang a bangin ahung siang hi (v.14).

Hagaulam ah, "tui" in Pathian thu a ensah hi. Naaman chu Jordan Lui ah amah leh amah a kidiah chih in A Thu jalin, Naaman chu a sualnate apat in suhsiang in a um hi. Huban ah, "sagih" chi simna in buchinna a ensah hi; Naaman Lui ah "sagih vei" a kidiah chih in sepaih sappa'n ngaihdamna bukim a tang chihna ahi.

Huchi mahbangin, Pathian dawnnate i tan ut a ahihleh,

Naaman banga i sualnate zousiah a bawn a i kisiih diing uh ahi. Ahiinlah, kisiihna kichi chu "Ka kisiih. Sil ka bawl sual," chih mai a bei diing ahi sih hi. "Na lungtang na bawhkeeh" a ngai hi (Joel 2:13). Huban ah, na sualna na kisiih veh chiangin, hutobang sual na bawl kiit louhna diinga na kipiaahdoh diing ahi. Huchiang chauh in nang leh Pathian kikal a sualna baang suhsiat in a um diinga, sunglam apat in kipaahna ahung kikhohdoh diinga, na buaina suhveng ahi diinga, huleh na lungtang deihzawng dawnnate na tang diing hi.

Nihna, 1 Kumpipate 3 ah Kumpi Solomon in Pathian dawnna muhna diingin a ginna natohte a langsah hi, huleh hukhu gah in Pathian apat a nget khu chauh mu lou in, himahleh a nget louh zong a mu hi.

Solomon a diingin halmang sillat sangkhat lat sangin kipumpiaahna nasatah a poimohzaw hi. Sillat chih a diingin, kumpipa'n ganhing a mat huleh a sa a bawl a ngai hi. Hun, tha, leh sum bangzah hutobang sillat sangkhat vei latna diinga bei diing ahiai chih na ngaihtuah ngei ei? Solomon in kipumpiaahna a lah tobang chu kumpipa'n Pathian hing gingta sih leh a hithei het sih diing hi.

Ama'n Solomon kipumpiaahna A muh chiangin, Pathian in pilna chauh, kumpipa'n ana hawl, chauh A pe sih a, hizongleh hauhsatna leh zahumna A pia hi – huchia a damsung in kumpite amah phazou a um sih uhi.

A tawpna ah, Matthai 15 ah Syria Phoenicia apat numei khat a tanu dawi in a mat tangthu a um hi. Amahnu chu a lungtang kingaingiam leh kilawnglou toh Jesu mai ah ahung a, Jesu kawm ah suhdamna a ngen hi, Jesu'n a tuung in, "A hoih e, na tanu a dam diing," A chi sih hi. Huchih naahsangin, numeinu kawm ah, "Tate neeh diing tanghou laahsah a uite kawm ah piaah a hoih sih," A chi hi. Numeinu chu ui toh a tehkhin hi. Numeinu chu ginna nei lou hileh, nuammoh a sa mahmah diinga ahihlouhleh kideehzohguallouh in a lungthah diing hi. Ahihvangin, hih numeinu'n Jesu dawnna tanna diing ginna dettah a nei a, huleh a lungkia in a nuammoh a sa sih hi. Huchih naahsangin, Jesu kawm ah kingaingiamzosem in a belh hi. "Himah e, Lalpa, hizongleh uite a pute dohkaan nuai anneng kia in a kivaah hi." Hitah ah, Jesu chu numeinu ginna jalin A kipaah mahmah a huleh kintahin a tanu dawimat chu A sudam hi.

Huchi mahbangin, suhdamna leh dawnnate i mu hut va

ahihleh, a tawp tandong a i ginna uh i latsah diing uh ahi. Huban ah, A dawnna muhna diing ginna na neih a ahihleh, Pathian mai a tahsa a na kilat diing ahi.

Himah e, Pathian silbawltheihna Manmin Central Church a nasataha a kilat jiahin, rumal a tunga ka haamteikhum ahihlouhleh limlaahte toh suhdamna a muh theih hi. Ahihvangin, mikhat naahtaha damlou a um ahihlouhleh mundang a um ahih ngal louhleh, amah chu Pathian mai a ahung diing ahi. Mikhat in Pathian silbawltheihna chu A thu a za a huleh a ginna a neih zoh chiang chauh in a tang thei hi. Huban ah, mikhat lungsim venglou ahihlouhleh dawimat ahih a huleh huchia amah ginna toh Pathian mai a ahung theihlouhleh, Syria Phoenicia apat numeinu bangin, a nulepate ahihlouhleh a innkuanpihte chu lungsiatna leh ginna toh amah luang a Pathina mai a ahung diing ahi.

Hite ban ah, ginna chetna dang tampi a um hi. Etsahna diingin, mikhat dawnna a muh theihna ginna neitu meel ah, kipaahna leh nuamna a lang hi. Mark 11:24 ah, Jesu'n hichiin ahung hilh hi, "Hujiahin ka hung hilh ahi, Sil bangkim na deih phot uh, na nget chiangun, musain kingaa un, huchiin na mu diing uhi." Ginna dihtah na neih leh, hun tengin na kipaah thei hi. Huban ah, Pathian a gingta chia na kiphuan leh, thu na mang in huleh A Thu dungjui in na hing diing hi. Pathian vaah ahih jiahin, vaah a pai na tum in huleh na kiheng diing hi.

Pathian chu i ginna natohte ah A kipaah a huleh i lungtang deihzawngte ahung piaah hi. Pathian in A pom diing ginna chi leh buuhna na nei ei?

Hebraite 11:6 ah hichiah heetsah thah in i um uhi, "Hizongleh ginna louin chu amah kipaahsah gual ahi sih hi; ajiahchu Pathian kawm a hung inchu amah a um chih leh, amah guntuhtaha hawltute kawm a kipaahman petu ahi chih a gintaat diing ahi."

Pathian a gintaat bang ahiai chih hoihtaha hesiam in huleh na ginna latsahna jalin, koipouh in Amah na kipaahsah va, A silbawltheihna na tan va, huleh gualzawlna hinkhua a na hung hin uh chu i Lalpa Jesu Khrist min in ka ngen hi!

Thusoi 2
Lalpa a Gintaatna

Hebraite 12:1-2

*Huchihjiahin eiuh zong heetpihtu
meipi nasatah uum kiimveela i um uh hein,
ahung gihsah photmah leh,
sual eimaha belh zing chu i koihkhe diing va,
i ma-a kitaaidemna umah kuhkaltahin i taai diing uh,
I ginna siamtu leh subukimtu Jesu lam enin;
ama'n chu ama-a um kipaahna jiahin jumnate zong poisa louin,
kross-a gimna athuaah a,
Pathian laltouphah ziatlam ah avatou ta hi*

Tuni in mi tampi in "Jesu Khrist" min a za uhi. Mi tampite'n limdangtahin, Jesu chu mihingte a diinga Hundampa umsun ahihdan a he sih va ahihlouhleh bang diinga Jesu Khrist a i gintaat chiang chauha hutdamna kitang ahiai chih a he sih uhi. Hu sanga khawhzaw, Khristian khenkhat, hutdamna toh kisukha mahmah himahleh, a tunga dotna dawnna pe thei lou a um uhi. Hih umzia chu hih Khristiante'n hutobang dotnate hagaulam poimohna hesiam kim loupi a Khrist a hinkho zang a um ahi uh chihna ahi.

Hujiahin, Jesu chauh Hundampa ahihna jiah leh Amah pom leh gintaat, huleh ginna dihtah neih, kichi bang ahiai chih dihtaha i hung heet a huleh i hung theihsiam chiangun, Pathian silbawltheihna i tang thei giap uhi.

Mi khenkhat in Jesu chu misiangthou thupi lite laha khat in a ngai uhi. Midangte'n Amah chu Khristian sahkhua bangin ahihlouhleh mi thupi mahmah A hinkhua a silhoih tampi bawl bangin a ngai giap uhi.

A khoi a bang hileh, Pathian ta hung hi eite'n Jesu chu mihingte Hundampa mihing zousiah a sualna vapat a hundohtuh ahi chih i phuandoh theih diing uh ahi.

Bangchidanin Jesu Khrist, Pathian Tapa neihsun chu, mihingte, silsiam maimaite toh i tehkaah thei diai? Jesu hun lai nasan in zong, mite'n Amah a ngaihtuahna uh siamtu etna tuamtuam tampi a um hi.

Siamtu Pathian Tapa, Hundampa

Matthai 16 ah Jesu'n A nungjuite, "Mihing Tapa chu mite'n bangchiin a soi viai?" chia a dotna hun khat a um hi (c.13). Mite dawnbutna tuamtuamte soisawn in, nungjuite'n hichiin a dawng uhi, "Huleh amahun, Lawikhatin, Baptistu John ahi ahung chi va; lawikhatin Elijah huleh a dangte'n Jeremiah ahihouhleh zawlneite laha khat ahi, ahung chi uhi, a chi va" (c. 14). Huin Jesu A nungjuite kawm ah, "Nangun Kei koi na hung chi viai? (c.15), A chi hi. Peter in, "Nang chu Khrist, Pathian hing Tapa Na hi" (c.16), chia a dawn chiangin, Jesu'n, "Huleh Jesu'n adawnga, a kawm ah, Simon Bar-jona na hampha hi, ajiahchu sa leh sisanin ahung heetsah na hi siha, vaana um ka Pa hung heetsah ahi zaw hi" (c. 17) A chi hi. Jesu'n Pathian silbawltheihna natoh simseenglouh A latsahte tungtawn in, Peter in Amah chu Siamtu Pathian Tapa leh Khrist, mihingte

Hundampa ahi chih a chiang hi.

A tuung in, Pathian in mihing chu Amah ngei lim in leivui apat in A siam a, huleh Eden Huan ah A pui hi. Huan ah hinna singkung huleh sia leh pha heetna singkung a um hi, huleh Pathian in mihing masapen Adam kawm ah hichiin thu A piaah hi, "Huleh Lalpa Pathian in mihing kawm ah, Huana singgah chinteng na utut in na nethei hi; Hizongleh asia leh apha heetna singgah chu na neeh louh diing ahi; ajiahchu na neeh ni ni in na si ngeingei diing hi, chiin thu a pia a" (Siamchiilbu 2:16-17).

Hun sawtpi a chiah nungin, mihing masapente Adam leh Evi guul, Setan in a chiil, in a heem a, huleh Pathian thu a mang sih uhi. A tawpna ah, sia leh pha heetna singkung apat in a neeh va huleh Eden Huan apat a delhdoh in a um uhi. A natoh uh jiahin, Adam leh Evi suante'n a luahtou uhi. Huban ah, Pathian in Adam na si ngeingei diing chia A hilh mahbangin, a suante hagau tengteng chun kumtuang sihna zuan a pai uhi.

Hujiahin, hun kipat ma in, Pathian in hutdamna lampi, Siamtu Pathian Tapa Jesu Khrist ana guat hi. Silbawlte 4:12 in ahung hilh bangin, "Mi dang kuamah kawm ah hutdamna a um sih; vaan nuaia mihingte kawm a kipia min lahah hung hundam diing min dang mawngmawng a um sih," Jesu Khrist chihlouh, koimah mihingte Hundampa diinga chitna nei khangthu ah a um sih hi.

Pathian Silphatuam Bawlsah Hun Kipat Masanga Ana Kiphual

1 Korinthete 2:6-7 in hichiin ahung hilh hi, "Ahiinlah pichingte lah a'chu pilna thu zong ka soi jel uhi, ahihvangin hi khovel pilna thu ahi sih a, hi khovel vaihawmtu mangthaai diingte pilna thu zong ahi sih hi. Hizongleh keiun chu Pathian pilna thuguuh, i loupina diinga Pathian in khovel um ma-a aguatsa pilna kiphual thu chu ka soizaw veu uhi." 1 Korinthete 2:8-9 ah hichiin ahung hesah zom hi, "Huchu hi khovel vaihawmtute mawng mawngin ahe sih uh; ajiahchu na he hitale uh loupina Lalpa chu ana kilhbeh sih diing uhi. Hizongleh, Mit-a muh ngeilouh, bil a zaah ngeilouh, huleh mihing lungtang a zong luut ngeilou, Pathian in amah lungsiatte diinga a bawlsah silte chu, chia gelh bangin." Pathian hun kipat ma mihingte a diinga hutdamna lampi ana guanggalh chu Jesu Khrist tungtawn a krosss lampi ahi a, huleh hikhu chu Pathian pilna na kiphual ahi chih i heet diing uh ahi.

Siamtu ahihna ah, Pathian in khovel ah bangkim tung ah vai

A hawm a huleh mihingte khangthu tung ah thu A nei hi. Gam khat kumpi ahihlouhleh president in a gam daan dungjuiin a gam ah vai a hawm hi; pawl sung khat ah a saap lianpen in a compani daan dungjuiin a compani a enkol hi; huleh innsunga a lupen in innsung paidan dungjuiin a innkuante a enkol hi. Huchi mahbangin, Pathian chu khovel a sil zousiah neitu himahleh, Bible a kimu hagaulam gam daan dungjuiin sil zousiah A enkol gige hi.

Hagaulam gam daan dungjuiin, daan khat a um hi, "Sual man chu sihna ahi" (Romte 6:23), chih in siamlouh tangte a gawt a, huleh i sualnate apat hun hundoh thei daan khat a um hi. Hujiahin Pathian in eite chu Adam thumanlouhna jala meelmapa dawimangpa kawm a ana kimansuahta thuneihna neih kiitna diingin i sualnate vapat hutdoh i hihna diingun hu daan A zang hi. "Gam tatdohna daan" dungjuiin Pathian in hun kipat masangin mihingte a diingin hutdamna lampi ana siam hi.

Jesu Khrist chu Gam Tatdohna Daan dungjuiin A Chin

Pathian in Israelte kawm ah "gam tatdohna daan" ana piaah

hi, hukhu in a nuai a bangin soi hi: gam chu a tawntung a zuaahden diing ahi sih hi; huleh, mikhat ahung taahsap a, a gam a zuaah leh, a tanau kinaihpihpen ahihlouhleh amah ngei ahung a huleh gam a tatdoh diing ahi, huchiin gam neitu hihna a lakiit diing ahi (Siampubu 25:23-28).

Pathian in Adam in a thumanlouh jiahin dawimangpa kawm ah Pathian apat a neih thuneihna a taan diing chih ana helawh hi. Huban ah, khovel a silbangkim Neitu dihtah ahihna dawl ah, Pathian in Adam in hun khat laia ana neih thuneihna leh loupina chu dawimangpa kawm ah ana pekhia hi, hikhu hagaulam gam daan dungjuia bawl ngai ana hih jiahin. Hujiahin dawimangpa'n Jesu Luke 4 khovel lalgamte zousiah ensah a, a heem laiin, hichiin a soi thei hi, "Hi zousiah tunga thuneihna leh aloupina chu ka hung pe diing: ka kawm a piahkhiaah ahita ngal a; huleh ka piah nuam taphot kawm ah ka pe veu hi. Hujiahin kei na hung biah phot inchu a bawn in nang a ahi diing (Luke 4:6-7).

Gam tatdohna daan dungjuiin, gam zousiah chu Pathian a ahi. Hujiahin, mihing chu a tawntung a diingin a zuaah thei sih a huleh mikhat hithei diinga ahung kilat chiangin, gam zuaahsa tengteng chu hupa kawm ah piaahkiit ahi diing hi. Huchi mahbangin, khovel silbangkim Pathian a, ahi a, huchiin Adam in a tawntung a diingin a "zuaah" thei sih a, huleh dawimangpa'n zong a tawntung in a nei thei sih hi. Hujiahin mikhat Adam suhmangsa thuneihna tandohkiit thei huntawh ahung kilat chiangin, meelmapa dawimangpa'n bangmah deihtel theih a nei sih a hizongleh Adam apat thuneihna ana la chu a piaahkhiat a ngai hi.

Hun kipat masang in, dihtatna Pathian in gam tatdohna daan dungjuia chitna nei dembei mikhat ana gawtlawh hi, huleh huh mihingte a diinga hutdamna lampi chu Jesu Khrist ahi.

Huchi ahihleh, bangchidan, gam tatdohna daan dungjuia, Jesu Khrist in meelmapa dawimangpa kawm a ana kipedoha thuneihna lakiit thei diing ahiai? Jesu a nuai a chitna lite A neih chiang chauh in, mihing zousiah a sualna vapat in A hundam thei in huleh meelmapa dawimangpa kawm a kipedohsa thuneihna A lakiit thei giap hi.

Khatna, tandohtu chu mihing mah, Adam toh "tanau kinaihpen" ahih diing ahi.

Siampubu 25:25 in hichiin ahung hilh hi, "Na unaupa ahung zawnkhaala, a gam neih bang ajuaah a, huleh a tanau kinaihpih koiaha a tan diinga ahung inchu, a unaupa zuaah chu a tan diing hi." "Tanau kinaihpihpen" in gam a tatdoh theih jiahin, Adam in ana piaahdoh thuneihna laahkiit theihna diingin, huh "tanau kinaihpihpen" chu mihing ahih diing ahi. 1 Korinthete 15:21-22 ah hichiin a kigelh hi, "Bangjiahin ahiai ichihleh mihing jiaha sihna ahung um jiahin, mihing jiah mahin misi thohkiitna zong ahung umta hi. Ajiahchu Adam a mi zousiah a sih mahbangun, Khrist ah mi zousiah suhhingin a um diing uhi." Soidan tuam in, mikhat thumanlouhna tungtawn sihna hung luut ahih mahbangin, mikhat tungtawn in hagau sisa thohkiitna sepdoh a ngai hi.

Jesu Khrist chu "tahsa [hung] suaah Thu" huleh leitung a hung ahi (Johan 1:14). Amah chu Pathian Tapa, pathian leh mihing hihna nei a tahsa hung piang ahi. Huban ah, A piaana chu khangthu a siltung ahi a huleh hih thutah heetpihtu chetna tampi a um hi. A kihepen in, mihing khangthu is "B.C." ahihlouhleh "Before Christ" (Khrist Masang), leh "Anno Domini" chih Latin haam in "I Lalpa kum" chihna in a kihe hi.

Jesu Khrist tahsa a khovel a ahung jiahin, Amah chu Adam "tanau kinaihpihpen" ahi a huleh chitna masapen ahung subuching hi.

Nihna, hundohtu chu Adam suan ahih diing ahi.

Mikhat in midangte a sualna vapat a, a hutdohna diingin, amah ngei zong misual ahih louh diing ahi. Adam, amah ngei zong a thumanlouh jiaha misual hi, suante zousiah chu misual ahi uh. Hujiahin, gam tatdohna daan dungjuiin, tandohtu chu Adam suante laha khat ahih louh diing ahi.

Thupuandoh 5:1-3 ah a nuai a bang in a kigial hi:

Huleh amah laitouphah tunga toupa ziatlamah, asunglam leh apolama kigial, chiamchihna sagiha kichiamchih lehkhabu khat ka mu a, huleh angel haat khat aw ngaihtaha kikoua, Koi ahiai lehkhabu chu honga, hua chiamchihna umte pheltaah, chi ka mu a. Huleh vaanah hiin, lei ah hileh, hulou in lei nuai ah hitaleh, hu lehkhabu hong thei leh a tung en thei mi koimah a umta sih hi.

Hitah ah, lehkhabu "chiamchihna sagih a kichiamchih" kichi in Adam thumanlouh nung a Pathian leh dawimangpa kikal a kihouna kibawl a kawh a, huleh mikhat "chiamchihna pheltaah leh lehkhabu hong thei" diing chu gam tatdohna daan dungjuia a chit diing ahi. Sawltaah Johan chiamchihnate pheltaah leh lehkhabu hong thei diing mi a etkual chiangin, koimah a mu sih hi.

Johan in vaan a entou a huleh angel te ngen a um va hizongleh mihingte a um sih uhi. Leitung a en a huleh Adam suangte, a bawn va misual, a mu hi. Lei nuai a en huleh meidiil lam manoh misualte leh mihing dawimangpa a ngen a mu hi. Johan a kap kapta hi ajiahchu koimah gam tatdohna daan dungjuia chin a muh louh jiahin (v. 4).

Huchiangin, a lahva upate khat in Johan a hehnem a, huleh hichiin a chi, "Kap sin; ngaiin, Judah nam Humpibahnei, David Zungjam in hu lehkhabu chu hong diing leh, hua chiamchihna sagihte phel diingin a zouta hi" (v. 5). Hitah ah, "Juda nam, Humpibahnei, David Zungjam" kichi in Jesu, Judah nam apat mi leh David innsung a mi a kawh hi; Jesu Khrist chu gam tatdohna daan dungjuiin hundohtu diingin A chin hi.

Matthai 1:18-21 ah, i Lalpa hung pianna thu kimtah i mu uhi:

Chiin Jesu Krist hung pian daan chu hichi ahi; A nu Mari

chu Joseph toh akikhaam laiun, a umkhawm maun, Hagau Siangthou apat gaai chih akihedoh ta a. Huin a pasal Joseph chu midihtah ahi a, japi heeta um diing ut louin aguuh-a khuul atum ta a. Hizongleh ama'n hi thute angaihtuah laiin, a mangin Lalpa angel a kawm ah ahung kilaah a, "Joseph, nang David tapa, na zi Mari kiteenpih diing lau sin; ajiahchu a naupaai hi Hagau Siangthou apat ahi. Tapa ahung nei diinga, a min JESU na sa diing hi: ajiahchu Ama'n a mite a sualna va pat a hundam diing hi," a chi a.

Pathian Tapa neihsun Jesu Khrist hih khovel a Siangthou Mari suul tungtawn a tahsa (Johan 1:14) a ahungna jiah chu Jesu mihing ahih a hizongleh Adam suan ahih louh a, huchia gam tatdohna daan dungjuia chin ahih theihna diing jiah ahi.

Thumna, tandohtu in silbawltheihna a neih diing ahi.

Sanggam naupangzaw ahung zawn a huleh a gam a zuaah leh, huleh a upa'n a naupa a diingin a gam tandoh ut hi. Huchiangleh, a upa'n a tatdohna diinga sil kiningching huntawh a neih a ngai hi (Siampubu 25:26). Huchi mahbangin, a naupangzaw bat tampi a neih a huleh a upa'n a bat a ditsah utleh, a upa'n chu "a poimoh kiningching" a neih chiangin, a utna hoih mai hilou in, a tandoh thei hi.

Huchi mahbangin, misual khat midihtat a ahung kihenna diingin, "a poimoh kiningching," ahihlouhleh thuneihna a poimoh hi. Hitah ah, gam tatdohna diinga thuneihna in mi zousiah a sualna vapat tatdohna a kawh hi. Soidan tuam in, mihing zousiah tandohtu in gam tatdohna daan dungjuiin amah a sualna himhim a neih louh diing ahi.

Jesu Khrist chu Adam suan ahih louh jiahin, pianken sualna a nei sih hi. Jesu Khrist in zong leitung a A hinkhua kum 33 sung a daan zousiah a juih jiahin sual bangmah A bawl sih hi. A pian nung ni giatni in teeptan in A um a, Jesu'n A nulepate thu mang veh in huleh A lungsiatna theih tan in A lungsiat a, huleh kipumpiaahna toh thupiaahte zousiah A jui veh hi.

Hujiahin Hebraite 7:26 in hichiin ahung hilh hi, "Ajiahchu huchibang siampu lal, misiangthou, nunselou, buaah baanglou, misualte laha kituamkoih, huleh vaante saanga saangzawa siam chu eihaw a-diingin a kilawm mawng ahi." 1 Peter 2:22-23 ah hichibang gelh i mu hi, "[Khrist] in chu sual mawngmawng a bawl sih a, huleh a kam ah zong heemthu a kimu sih hi. Vau a, a um laiin a vauthuh sih a; a thuaah laiin zong a taai sih; hizongleh dihtattaha ngaihtuahpa kawm ah a kikemsah zawh hi."

Lina, tandohtu in lungsiatna a neih diing ahi.

Gam tatdohna diingin, a tunga suhbuching ngai thumte ban ah, lungsiatna a poimoh hi. Lungsiatna tel lou in, upa a naupa diinga gam tandoh diingin gam a tandoh thei sih hi. Upa chu a gam a mihausapen hizongleh a naupa leiba tampi nei a um ahihleh, lungsiatna tellou in a upa'n a naupa chu lungsiatna bei in a panpih sih diing hi. A upa thuneihna leh hauhsatna chu a naupa a diingin bang a phatuam diai?

Ruth 4 chu Boaz, Ruth innpinu Naomi dinmun hoihtaha ana hetu, tangthu ahi. Boaz in "tandohtu- tanau" kawm a Naomi goute tandoh diinga a sawl chiangin, tandohtu-tanau in hichiin a dawng hi, "Huleh tanau kinaihpihpa'n, Kei adiing inchu ka tan thei sih diing, huchilouin chu keimah goutan ka sukholou kha diing: tan thei ka hihna luang chu nangma'n tang meiin; ajiahchu tan zoulou ka hi, achi a" (c. 6). Huchiin Boaz in, a lungsiatna kiningtah kal ah, gam chu Naomi a diingin a tandoh hi. Hunung in, Boaz chu David suangtu khat hung hihna ah nasataha gualzawl in a um hi.

Jesu, khovel a tahsa a hung, chu Adam suan ahi sih hi

ajiahchu Amah chu Hagau Siangthou apat a vom ahi a, huleh sual A bawl keei sih hi. Huchiin, Ama'n "a poimoh kiningching," eite ahung tatdohna diing A nei hi. Jesu'n lungsiatna ana nei lou hileh, bangteng hizongleh, kilhbehna gentheihna ana thuaah sih diing hi. Huchi pum in zong, Jesu chu lungsiatna in A dim a huchiin silsiamte maimai kilhbeh in a um a, A sisan A luangsah a, huleh mihingte chu tandoh in, huchiin hutdamna lampi A hong hi. Hikhu chu Pa Pathian lungsiatna tehguallouh huleh Jesu sihna donga thumangpa kipumpiaahna gah ahi.

Jesu Sing a, A Kikhaina Jiah

Bang diinga Jesu sing krosss a kikhai ahiai? Hikhu chu hagaulam gam daan, "Khrist in Daan haamsiatna apat hi ahung hundoh, eite a diinga haamsiat hung hi in – ajiahchu hichia gelh ahi, 'Singkung kikhai photmah haamsiat ahi'" (Galatiate 3:13), hichia hilhtu suhlungkimna diing ahi. Jesu i luangin singkung ah a kikhai a huchia ei misualte "daan haamsiatna" apat a ahung hutdohna diingin.

Siampubu 17:11 in hichiin ahung hilh hi, "Ajiahchu tahsa hinna chu sisan ahi a, huleh na hagau uh ngaihdamna diingin maitaam ah ka hung peta hi; ajiahchu hih sisan hinna ahihjiahin sual thoihna ahung hi hi." Hebraite 9:22 ah hichia gelh ahi, "Huleh Daan dungjuiin, mikhat in sisan toh silbangkim a kisilsiang hi, huleh sisan pawt lou in sual ngaihdamna a um sih, a chi dehtah hi. Sisan chu hinna ahi, ajiahchu sisan pawt lou in "sual ngaihdamna" a um sih hi. Jesu'n A sisan dembei leh manpha chu hinna i neihna diingun ahung pia hi.

Huban ah, krosss a, A thuaahna jiahin krosss a, A thuaahna jiahin, gingtute chu natna, damlouhna, zawnna, leh hutobangte haamsiatnate apat a suaahtatsah ahi. Jesu chu leitung a, a um laia zawngtaha hing ahihjiahin, i zawnna Ama'n a puaah hi. Jesu chu zeep ahihjiahin, i natnate apat suaahtatsah i hi. Jesu chu linglukhuh khuhsah ahihjiahin, i ngaihtuahna toh sual i bawlte apat a hutdoh i hi. Jesu chu a khut leh a keeng a siihkilh a kilh ahihjiahin, i khut uleh keeng va sual i bawlte vapat ahung hundoh hi.

Lalpa a Gintaat chu Thudih A Kihenna ahi

Krosss silphatuam bawl dihtaha hesiam a huleh a lungtang sungtawng apat a gingta chu a sualna tengteng nusia in Pathian deihna bangin a hing diing hi. Jesu Johan 14:23 a eite ahun hilh bangin, "Mi koipouh in ahung lungsiat leh ka thu a jui diing; huleh ka Pa'n amah a lungsiat diinga, a kawm ah ka hung diing va, amah toh ka umkhawm zing diing uh," hutobang mite'n Pathian lungsiatna leh gualzawlna a mu diing uhi.

Huchi ahihleh bang jiaha, Lalpa a, a ginna uh phuangdohte'n a haamteina uh dawnna mu lou a huleh sawina leh gimthuaahna laha hing ahi viai? Hukhu jiah chu, Pathian ah gingta chiin soi mahleh uhi, Pathian in a ginna uh ginna dihtahin A ngai sih hi. Hih umzia chu Pathian thu a zaah vangun, a sualnate uh a nuse veh lou leh thudih a kiheng nai lou in a um uhi.

Etsahna diingin, gingtu simseenglouh Thupiaah Sawmte, Khrist hinna zat diingdan bulpite mang nai lou a um uhi. Hutobang mite "Sabbath ni tang inla, koih siangthou in," chih thupiaah hete ahi uhi. Ahihvangin, ziingkal kikhopna chauh ah a kikhawm va ahihlouhleh kikhopna khatbeeh ah zong a kikhawm sih va huleh Lalpa ni in a na uh a kisep uhi. Sawmakhat a piaah diing uh ahi chih a he va, hizongleh amaute a diingin sum ngaihnatna lian ahih chiangleh sawmakhat piaah veh chu ahi thei sih hi. Pathian in sawmakhat a kim a piaah louh chu Pathian "suamna" ahi chih ahung hilh chitchiat ahih chiangin, bangchiin dawnna leh gualzawlna a tang thei diviai (Malachi

3:8)?

Huchiangleh gingtu midangte bawlkhelh leh dihlouhna ngaihdam lou mi a um uhi. A tung va sual kibawlna tung a lungthah leh sual kibawl bangbang thuh kiit sawm mi a um uhi. Khenkhatte'n thu a chiam va, midangte'n a ngohbawl va huleh a dahpih a, a um laiun, khovel mite bawl bang chet in. Bangchidan in ginna dihtah neite a kichi thei diviai?

Ginna dihtah i neih va ahihleh, Pathian deihna dungjuiin silbangkim bawl tum a pan i laah va, gilou photmah peel a, huleh i Lalpa uh ei misualte a diinga A hinna hung petu i sut diing uh ahi. Hutobang mite'n midangte amau hua a huleh sunate a ngaihdam un a lungsiat va, huleh midangte na tohsah in huleh amaute a diingin a kipumpiaah gige uhi.

Lungthahna na taihsan chiangin, mi nunnem a muuh in hoihna leh deihhuai thute chauh soikhia mi i na hung kiheng diing hi. A ma hun chinteng a soisel mi nana hihleh, ginna dihtah tungtawn in dinmun chinteng a kipaahthu soitu na hung diinga huleh na kiim a umte zousiah kawm ah khotuahna na hawm diing hi.

Lalpa a dihtaha i gintaat va ahihleh, koipouh in Amah i sut va huleh hinkhua kiheng hinkhua i neih diing uh ahi. Hikhu chu Pathian dawnna leh gualzawln tan diingdan lampi ahi.

Lehkhathon Hebraite 12:1-2 in hichiin ahung hilh hi::

Huchihjiahin eiuh zong heetpihtu meipi nasatah uum kiimveela i um uh hein, ahung gihsah photmah leh, sual eimaha belh zing chu i koihkhe diing va, i ma-a kitaaidemna umah kuhkaltahin i taai diing uh I ginna siamtu leh subukimtu Jesu lam en in; ama'n chu ama-a um kipaahna jiahin jumnate zong poisa lou in, krosss a gimna a thuaah a, Pathian laltouphah ziatlam ah a va touta hi.

Bible a kimu ginna a pate tampi ban ah, i kiim a umte lah ah, mi tampi i Lalpa uh a ginna jala hutdamna leh gualzawlna tang a um hi.

"Heetpihtu meipi nasatah" bangin, ginna dihtah i nei diing uh! Ahung daaltu bangkim leh baihlamtaha hung kaantom thei sualna i paihmang diing va, huleh i Lalpa uh sutna diingin i pang diing uhi! Huchiang in, Jesu'n Johan 15:7 a "Keimaha na um ngitngeet va, huleh ka thu zong nanguh-a a um ngitngeet inchu na utut uh na ngeen diing va, huchu ahung kibawlsah diing hi," chi a A chih bangin, koipouh in A dawnna leh gualzawlna toh kidim hinkhua a hinna i neih diing uh ahi.

Hutobang hinkhua a na hin nai louhleh, na hinkhua enthah

inla, na lungtang botkeeh inla huleh Lalpa a dihtaha na gintaat louhna kisiih inla, huleh Pathian thu dungjui chauh a hing diingin thutanna bawl in.

Koipouh in ginna dihtah na neih va, Pathian silbawltheihna na tuaah va, huleh na dawnna leh gualzawlna tengteng utoh Pathian paahtawina na piaah uh chu, i Lalpa Jesu Khrist min a ka haamteina ahi!

Thusoi 3

Suangmantam Sanga Kilawmzaw Beel

2 Timothy 2:20-21

Hizongleh inn loupi sung ah
sana leh dangka beelte chauh a um sih a,
sing beel leh lei beelte zong, huleh khenkhat iit tuaah,
khenkhat iit tuaahlou zong a um hi.
Hujiahin mi hi silte laha akihepkhiaah leh beel iit tuaah,
siangthou, a Pu diinga jat taah,
silhoih chintenga kipeihsa ahi diing hi

Pathian in mihing A siam hi huchia lungsiatna dihtah A kihawmpihtuah theih diing ta dihtahte A aat theihna diingin. Ahihvangin, mite a sual va, a silsiam uh tupna dihtah apat paimang in, huleh meelmapa dawimangpa leh Setan suaahte ahung suaah uhi (Romte 3:23). Pathian lungsiatna, chu bangteng hileh, ta dihtahte aatna diing apat in A lungke sih a, a tawp sih hi. Sual lilai a um mite a diingin hutdamna lampi A hong hi. Pathian in A Tapa tang neihsun krosss a kilhbelh in a umsah a huchia sualna apat mi tengteng A hundam theihna diingin.

Silatna thupitah toh kijui hih lungsiatna limdangtah tungtawn in, koipouh Jesu Khrist gingta a diingin hutdamna lampi honsah ahi. A lungtang a Jesu A si a huleh haan apat kaihthoh ahi chia gingta huleh a muuh a Jesu chu A hundampa ahi chia phuangdoh photmah kawm ah Pathian ta hihna piaah ahi.

Pathian Ta Deihtahte chu "Beel" toh Kibang ahi

2 Timothy 2:20-21 hichia kigial bangin, "Hizongleh inn loupi sung ah sana leh dangka beelte chauh a um sih a, sing beel leh lei beelte zong, huleh khenkhat iit tuaah, khenkhat iit tuaahlou zong a um hi. Hujiahin mi hi silte laha a kihepkhiaah leh beel iit tuaah, siangthou, a pu diinga jat taah, silhoih chintenga kipeihsa ahi diing hi," beel kibawlna jiah chu sil koihna diing ahi. Pathian in A tate chu "beelte" bangin A ngaihtuah hi, ajiahchu amaute sung ah A lungsiatna leh khotuahna A dimsah thei hi, huleh A thu thudih leh A silbawltheihna leh thuneihna A dimsah thei hi. Hujiahin, bangtobang beel i bawl viai chih a kinga in, Pathian in silpiaah leh gualzawlna ana guatsa i tang thei uh chih i heetdoh diing uh ahi.

Bangtobang beel, ahiai leh, Pathian gualzawlna chinteng thun theihna Pathian in ana guatsa? Hih beel chu Pathian in manpha, zahum, huleh kilawm A sahte ahi.

Khatna ah, beel "manpha" chu Pathian-piaah mohpuaahna a bawn a subuchingtu ahi. Baptistu Johan i Lalpa Jesu a diinga lampi ana siamtu, leh Mosi Aigupta apat a Israelte puidohtu chu hih dinmun ah a um uhi.

A ban ah, beel "zahum" chu dihtatna, thudihna, thutanna, huleh ginumna nei mi ahi, hite chu a bawn in minautaangte lah ah a vaang mahmah hi. Joseph leh Daniel, a nih va gam thupitahte a 'prime minister' toh kikim dinmun a ding leh nasataha Pathian paahtawite chu, hih dinmun ah a ding uhi.

A tawpna ahi, Pathian mai a beel "kilawm" chu lungtang hoih nei a midangte toh kinialbuai ahihlouhleh kihau lou a hizongleh silbangkim thudih a pom leh thuahzou mi ahi. Esther a gammite hundam leh Abraham Pathian "lawm" chih a umte hih dinmun a ding uhi.

"Suangmantam sanga manphazaw beel" kichi chu mikhat manpha, zahum, leh kilawm a Pathian in A ngaih theihna diing chitnate nei ahi. Suangmantam suanghum laha kiphual chu a heettheihpah hi. Huchibangin, Pathian mite suangmantam sanga kilawmzawte chu mite lah ah haih guallouh in a heet theih uhi.

Suangmantam tamzote chu a letdan dungjuiin a mantam hi, hizongleh a vaahna leh a rong tuambiihna in mite a kilawm hawlte a huup hi. Ahihvangin, suang vaah tengteng chu suangmantam bangin a koih theih sih hi. Suangmantam dihtah in hoihna leh vaahna, huleh taahna a neih teitei diing ahi. Hitah ah, "a taahna" kichi in meisa douzohna nei a, sil dang toh a kisuhkha chianga se lou, a meel ngeingei po thei a um chihna ahi. A poimoh dang ahihleh a vaanna ahi.

Beel manpha taang singseng, taah mahmah, huleh vaang mahmah um taleh, bangchituha manpha a, zahum, leh kilawm hi diing ahiai? Pathian in A tate chu suangmantam sanga manphazaw beelte hung hi a huleh gualzawlna hinkhua ding diingin A deih hi. Pathian in tobang beel a muhdoh chiangin, amaute sung ah A lungsiatna leh kipaahna chiamchihna a dimlet in A sungluut hi.

Bangchiin Pathian mitmuh a suangmantam sanga manphazaw beelte i hung hithei diviai?

Khatna, Pathian thu, thudih ngei hi, toh na lungtang suhsiangthouna na sepdoh diing ahi.

Beel a kibawlna jiah banga zat ahih theihna diingin, bangteng sanga a siangthou diing ahi. Beel mantam, sana beel nasan zong a nit a huleh a namsiat leh a kizang thei sih hi. Sana beel mantam mahmah chu tui suhsiang ahih chiangin a zatna diing ah a kizang pan hi.

Pathian tate a diingin zong hi daan a kizang hi. A tate a

diingin, Pathian in gualzawlna simseenglouh leh silpiaah, tuamtuam, hauhsatna leh chidamna gualzawlnate, a dangdang ana guanggalh hi. Huh gualzawlna leh silpiaahte i neih theihna diing un, beel siangthou hi diinga i kisingsah uh a ngai hi.

Jeremiah 17:9 na ah, "Lungtang chu sil zousiah saanga heemhaat pen leh gilou tawpkhawh ahi, kua'n ahiai hezou ta diing? Matthai 15:18-19 ah zong hichi banga Jesu'n A soi i mu hi, "Hizongleh kama pawtte chu lungtanga kipana hung pawt ahia, hute'n chu mi asuniin hi. Ajiahchu lungtanga kipatin ngaihtuahna giloute, tualthahnate, aangkawmnate, kingaihnate, guuhtaatnate, atahlou heetpihnate, soisiatnate ahung pawt veu hi." Hujiahin, i lungtang i suhsiang zoh chiang chauh un beel siangte i hung suaah uhi. Khatvei beel siang i hung hih kalsiah uh, koimah in "ngaihtuah gilou" i ngaihtuah in, thu hoihloute soi in, ahihlouhleh sil gilou bawl in i um sih diing uhi.

I lungtang suhsiangthouna chu hagaulam tui, Pathian thu, chauh toh a silsiang theih hi. Hujiahin Ephesite 5:26 in [eite] kisusiangthou a, thu toh tui a kisilsiang diingin ahung noh a, huleh Hebraite 10:22 in eite "sialepha heetna hoihlou apat i lungtang uh thehsianga umin, i sapum u'zong tui chiima sila umin, huleh ginna heetchianna lungtang dihtah toh i naih diing uhi," chiin ahung hasat hi.

Huchi ahihleh, bangchidana hagaulam tui – Pathian thu – in hung silsiangthei ahiai? Bible bu sawmguup leh guup a thupiaah tuamtuamte i lungtang uh "silsiangna" diinga natongte i juih diing uh ahi. "Bawl sin" leh "paihmang in" chia thupiaahte juihna in eite hutobang a sual leh silgiloute paihmangna ah ahung tut diing hi.

A thu toh a lungtang uh susiangthou umdan zong hung kiheng in huleh Khrist vaah a suvaah diing hi. Ahihvangin, mikhat haatna leh tupguhna jiah chauh in thu manna a sepdoh theih sih a, Hagau Siangthou in ahung lamkaih a huleh ahung panpih diing ahi.

Thu i za a huleh i heetsiam chiangun, huleh Jesu i Hundampa va i pom chiangun, Pathian in Hagau Siangthou chu silpiaah in ahung piaah hi. Hagau Siangthou chu Jesu a Hundampa va pom mite tung ah a um a, huleh thudih thu za diing leh hesiam diingin A panpih hi. Pathian thu in "Tahsa a piang chu tahsa a ahi a, huleh Hagau a piang chu hagau ahi (Johan 3:6)" chiin ahung hilh hi. Pathian tate Hagau Siangthou silpiaah a tangte chu sualna leh giitlouhna apat niteng Hagau Siangthou silbawltheihna toh a kihemmang thei va, huleh hagau a mite ahung hi uhi.

'Bangchidan in huh daan zousiahte ka jui thei diai?' chiin na lungnopmoh in huleh na lauthawng ngei ei?

1 John 5:2-3 in hichiin ahung hesah kiit hi, "Hikhuin Pathian tate i lungsiat uh chih i he, Pathian i lungsiata, a thupiaahte i juih chiangin. Bangjiahin ahiai ichihleh, Pathian i lungsiatna u'chu a thupiaahte i juih uh ahi; huleh a thupiaahte chu akhauh sih hi." Na lungtang thuuhtah apat Pathian na lungsiat a ahihleh, A thupiaahte juih chu a hahsa sih diing hi.

Nulephate'n ta ahung neih chiangun, nulepahte'n a ta uh chu a anneeh, puansilh, kisil, leh a dangdang tel in lam chinteng ah a enkol uhi. A langkhat ah, nulepate'n a ta ngei a etkol va ahihleh, hikhu ah hahsa sahna a nei dih diing uh. Zaankhang laia naungeeh a thoh a huleh a kah zongleh, nulepate'n buaihuai a sa sih va; a ta uh a lungsiat mahmah uhi. I ngaihte a diinga silkhat bawl chu nuamna leh kipaahna bul ahi a; hichu a hahsa ahihlouhleh lungthahhuai a sa sih uhi. Huchi mahbangin, Pathian chu i hagau uh Pa ahi a huleh, A lungsiatna tehguallouh ah, A Tapa neihsun ei a diinga krosss a hung kikilhbeh diingin ahung piaah chih i gintaat tahtah a ahihleh, bang diinga amah lungsiat lou thei diing i hi viai? Huban ah, Pathian i lungsiat va ahihleh, A thu dungjui a hin chu a huphulhhuai sih diing hi. Husangin, Pathian thu dungjui a hin louh va ahihlouhleh A deihzawng i bawl louh uh chu a huphulhhuaizaw in huleh a nazaw diing hi.

Ka unu'n Pathian biaahinn a ahung pui ma chiang ah kum sagih sung natna tuamtuam vei in ka um hi. Hagau Siangthou meikuang ka tanna leh biaahinn a ka khupdin a thakhat a suhdamna tungtawn in, Pathian hing toh ka kituaah hi. Hikhu chu April 17, 1974 ahi. Huhun apat in, Pathian khotuahna a kipaahna a dim in kikhopna chinteng ah ka tel hi. Huh kum November ha in, a masapen a diingin halhthahna kikhopna A Thu, Khrist a mikhat hinkhua kingahna bulpite ka zil patna ah ka tel hi:

'Ah, hikhu bang ahi maw Pathian!'
'Ka sualna zousiah ka paihmang diing.'
'Hikhu ahi ka gingtaat chianga sil hung tung!'
'Nahzial teep leh zudawn ka tawpsan diing.'
'Ka haamtei ngitnget diing ahi.
'Sawmakhat chu a louthei lou ahi,
   huleh Pathian mai a khut-guaah a ka hung louh diing ahi.'

A gialtu Dr. Jaerock Lee

A kaal pumpi in, thu chu "Amen!" chiin ka lungtang ah ka sang hi.

Huh halhthahna kikhopna zoh in, nahzial ka ngawl a huleh zudawn ka tawp a, huleh sawm a khat leh kipaahna silpiaahte kana petouta hi. Phalvaah a haamteina zong ka hung panta huleh awl awl in haamteimi ka hung hi hi. Ka zil bangbang in ka bawl a, huleh Bible zong ka sim hi.

Ka natna leh damlouhnate zousiah, khovel a lampi umte toh ka suhdam theih louh chu, thakhatthu in Pathian silbawltheihna in ahung suhdamsah hi. Hujiahing, Bible a chang leh bung zousiah a bawn in ka gingta veh thei hi. Kei chu hulaia ginna a, a kipan tuung ka hih jiahin, Pathian thu sunga um khenkhat ka heetsiam pahpah louh a um hi. Ahihvangin, thupiaah ka heetsiam theih te chu ka mangpah hi. Etsahna in, Bible in zuau soi lou diinga ahung hilh chiangin, kei leh kei ka kihilh a, "Zuau soi chu sual ahi! Bible in zuau soi lou diingin ahung hilh a, hujiahin zuau ka soi sih diing," ka kichi hi. "Pathian, tuplouh a zuau soina paihmang thei diingin hung panpih in!" chiin ka haamtei hi. Lungtang gilou toh mite ka na heem hi chihna ahi sih a, hizongleh tuplouh a zuau soi nasan zong ka tawp theihna diingin naahtahin ka soi hi.

Mi tampi in zuau a soi uhi, huleh a tamzote'n zuau a soi uh chih a hedoh sih uh. Mikhat, phone tungtawn a na houpih ut louh khat in ahung kouh leh, na tate, na seppihte, ahihlouhleh lawmte kawm ah awlmohlou hial in "Ka um sih chiin hilh in," na chi ngei ei? Mi tampi in midangte "heetsiamna" a nei uhi. Hutobang mite'n chu, etsahna diingin, midangte inn a, a va kholai leeng chiang va neeh diing ahilouhleh dawn diing deih na nei ei chia dot ahih chiangin zuau a soi uhi. Bangmah ne lou ahihlouhleh daangtaah hizongleh uh, innleengte midang "suhbuai" ut loute'n inneite kawm ah, "Iih, ka kipaah hi. Ka hung ma in silkhat ka ne (ahihlouhleh ka dawn) zouta," a chi veu uhi. Ahihvangin, silhoih tupna a zuau soi zong zuau ahi chih ka hung heet nung in, zuausoi paihdohna diingin ka haamtei zing a huleh a tawp in tuplouh a zuausoi zong ka paihmang thei hi.

Huban ah, gilou leh sual ka paihdoh diing zousiah ka gual a, huleh ka haamtei hi. gilou khat leh nungchang sual khat ahihlouhleh silbawl khat ban ah khat ka paihmang tahtah chia a chet mahmah chiangin, pentui san in ka giitmang jel hi. Silkhat a gilou leh sual haamteina hahkattaha ka neih zong ka paihmang theih louh a umleh, ngaah sese lou in anngawlna ka pan hi. Ni-thum anngawlna nung ka bawldoh theih louh leh, anngawlna chu ni nga a diingin ka suhsau hi. Hutobang sual ka bawl kiit a ahihleh, huchiin ni sagih anngawlna ah ka suan tou hi. Ahihvangin, kaal khat an ka ngawlna diing hial a um vaang mahmah hi; ni-thum anngawl nung in, sualna leh gilou tamzote chu ka paihmang thei hi. Hutobang sil paitoujel tungtawn a gilou ka paihkhia zahzah dungjuiin, kei chu beel siangzaw ka hung hi hi.

Lalpa toh ka kituaah nung kum thum zoh in, Pathian thu manlouhna zousiah ka paihmang a huleh A mitmuh in beel siangthou banga ngaih ka hi. Huban ah, thupiaahte mohpuaahna neitah leh kuhkaltaha, "Bawl diing" leh "Juih diingte" ka juih chiangin, hun tomlou kaal in A thu dungjuiin ka hung um thei hi. Beel siangthou a ka hung kiheng chiangin, Pathian in nasatahin ahung gualzawl hi. Ka innkuante'n chidamna lam ah gualzawlna ka dong uhi. Ka leiba zousiah in ka ditdoh veh thei hi. Tahsalam leh hagaulam ah gualzawlna ka dong hi. Hikhu jiah chu, Bible in a nuai a bangin ahung chiam hi: "Deihtahte, i lungtangin siamlouh ahung tansah louh leh Pathian lamah i haang ahi. Huleh a thupiaahte i juih a, a mitmuha sil kipaahhuaite i bawl jiahin i nget photmah amah a'pat i mu hi. Huleh a thupiaah chu hikhu ahi. Eihaw'n a Tapa

Jesu Khrist min i gintaat a, huleh thu ahung piaah banga khat-le-khat i kilungsiat diing uh ahi, chih" (1 Johan 3:21-22).

Nihna, suangmantam sanga beel kilawmzaw hung hih theihna diingin, "meikuang a halsiang" na hi a huleh hagaulam meivaah na taangsah diing ahi.

Zungbuhte leh khiite a suangmantam mantamtah umte khatvei ana niin ngei hi. Ahihvangin, a suhsiangtu in a susiang hi huleh vaah hoihtah ahung pedoh a huleh kilawmna hoihtah a nei hi.

A susiangtu in siamtahin a tan a, a nawt siang a, huleh meikuang a hih suangmantamte a suhsiang a huleh vaah hoihtaha lim kilawmtah ahung suah bangin, Pathian in A tate A thunun hi. Pathian in a sualnate jiah va A thunun A thunun ahi sih a, hizongleh thununna tungtawn a tahsalam leh hagaulam a, A gualzawltheihna diingin ahizaw hi. A tate sual ngei lou ahihlouhleh silsual bawlkha loute mitmuh in, amaute'n natna leh gimthuaahna a thuaah uh ngai bangin a kilang maithei hi. Hikhu Pathian in A tate zilsah leh thunun a, huchia rong leh teetna kilawmzaw ahung taangdohsahna diing un ahi. 1 Peter

2:19 in hichiin ahung hesah hi, "Ajiahchu Pathian lama sialephaheetna jiaha mi'n gimna leh dihloutaha bawlna athuaah leh hichu paahtaat taah ahi." Huleh hichiin i sim hi, "Na ginna etkhiaahna u'chu, sana meia etkhiaah ahih nunga zong mangthang jel saanga luul zaw, Jesu Khrist hung kilaahni chianga paahtawina leh, zahbawlna leh, loupina a muha a um theihna diingin" (1 Peter 1:7).

Pathian tate'n gilou chinteng nasan paihmang in huleh beel siangte hung hi mahleh uh, Amah teel hun ah, Pathian in thunun leh etkhiaah ahih uh A phalsah a huchiin amaute chu suangmantam sanga manphazaw ahung hihdoh theihna diing un. 1 Johan 1:5 nunungzaw kimkhat in hichiin ahung hilh hi, "Pathian chu Vaah ahi, huleh Amah ah mial himhim a um sih," ajiahchu Pathian chu a phonna ahihlouhleh demna diing um lou vaah loupitah ahi a, Ama'n A tate chu huchiangmah vaah ah A pui hi.

Hujiahin, Pathian-phal zeetna khat pouhpouh hoihna leh lungsiatna a zoh chiangin, beel tezaw leh kilawmzaw na hung hi diing hi. Hagaulam thuneihna leh silbawltheihna dan chu hagaulam vaahna dungjuiin a chituam hi. Huban ah, hagaulam vaah ahung taang chiangin, meelmapa dawimangpa leh Setan in dinna diing mun a nei sih hi.

Mark 9 chu Jesu'n hagau gilou naupang khat a pa'n Jesu kawm a, a tapa sudam diinga a nget a, A nohdohna mun ahi. Jesu hagau gilou chu A tai hi. "Nang haamtheih louhna leh bilngonna dawi, thu ka hung pia hi, a sunga pat hung pawt inla, luut kiit dawn sin," (c. 25). Hagau gilou in naupangpa, ahung hoih kiit chu a nusia hi. Hih siltung ma in siltung dangkhat a pa'n Jesu nungjuite, hagau gilou delhdoh thei loute, kawm a ahung puina khat a um hi. Hukhu jiah chu nungjuite hagaulam vaah dan leh Jesu hagaulam vaah dan a kibang sih hi.

Huchi ahihleh, Jesu hagaulam vaah dan chiang i tunna diingun bang i bawl diviai? Pathian dettaha gingta in, gilou chu hoihna a zou in, huleh meelmate nasan lungsiatna tungtawn in zeetna khat pouhpouh ah i gualzou diing uhi. Huchiin, khatvei hoihna, lungsiatna, leh dihtatna a, Jesu mahbang a, a dihtah ngaih a na um kalsiah, hagau giloute na delhdoh thei in huleh natna leh damlouhna khat pouhpouh na sudam thei diing hi.

Suangmantam sanga Kilawmzaw Beelte Hihna diinga Gualzawlna

Kum tampi ginna lampi a ka pai chiangin, zeetna simseenglouh zong ka thuaah hi. Etsahna diingin, kum tamlou paita a television programme khat hung ngohna ah, zeetna sihna bangkhop a na leh gentheihhuai ka thuaah hi. A kiatngiamna khat in, kei tungtawn a khotuahna tangte leh ka innkuante mah banga ka koih mi tampite'n ahung lepchiahsan uhi.

Khovel mite mai ah, kei chu heetsiamlouh gige mikhat leh mite ngoh gige khat ka hi a, huchih laiin Manmin membar tampite chu gimthuaah leh dihloutaha soisat in a um hi. Huchi ahih vangin, Manmin membarte leh kei in huh zeetna chu hoihna in ka zou a huleh, Pathian kawm silbangkim ka piaahkhiat uh toh kiton in, Pathian lungsiatna leh hehpihna in amaute ngaihdam diingin ka ngetsah uhi.

Huban ah, biaahinn nusia leh sil hahsa hung tutte chu ka hua in huleh ka taihsan sih hi. Hitobng zeetn gimhuaitah lah ah, Ka Pathian in ahung lungsiat mahmah chih ginumtahin ka gingta hi. Hichibang ahi hoihna leh lungsiatna chauh toh gilou bawlte ka maituaah thiehna. Skulnaupang in a polkha tungtawn a hahpanna leh siam jiaha tawisangna a muh bangin, ka ginna, hoihna, lungsiatna, huleh dihtatna jala Pathian phawhphaahna ka tan kalsiah, Ama'n a thupizosem in A silbawltheihna semdoh leh taahlang diingin ahung gualzawl hi.

Zeetna zoh chiangin, kot hukhu tungtawn a khovel a natohna ka sepdohna diing ahung honsah hi. Pathian in na tong in, huchiin a siing a nuai, huleh a maktaduai a sim mite chu chialpi ka bawlnate ah ahung kikhawm va, huleh Amah chu A silbawltheihna hun leh mun peel a pai toh ka kawm ah ahung hi.

Hagaulam vaah hukhu toh Pathian in eite ahung umkual chu hih khovel a suangmantam khat pouhpouh sangin a vaahpha leh kilawmzaw ahi. Pathian in hagaulam vaah toh A umkual A tate chu suangmantam sanga manphazaw in A ngai hi.

Hujiahin, koipouh in suhsiangthouna kintaha na tan va huleh beel zeetna-luuttheihlouhna hagaulam vaah taangsah beel leh suangmantam sanga manphazaw na hung sepdoh va, huchia na nget uh na muh va huleh gualzawlna hinkhua na hung neih uh chu, i Lalpa Jesu Khrist min a ka haamteina ahi!

Thusoi 4
Vaah

1 Johan 1:5

Hichu Amah apat thusoi
i zaah uleh na kawm a
ahung thupuan ahi,
chiin Pathian chu Vaah ahi,
huleh Amah ah mial mawngmawng a um sih

Vaah chi tampi a um a huleh a bawn va tung ah a hihteihna limdangta a um chiat hi. Hite zousiah ban ah, mial a taanvaah a, a lumsah a, huleh natna hit lauhhuaite a that hi. Vaah toh, singkungte an tungtawn in hinna a keembit thei hi.

Ahihvangin, tahsalam vaah i mittang toh i mu thei va huleh i khoihkha thei uhi, huleh hagaulam vaah ahihleh i mu thei ahiai ahihlouhleh i khoihkha thei sih uhi. Tahsalam vaah in hihtheih tampi a neih bangin, hagaulam vaah ah zong simseenglouh hihtheihna tampi a um hi. Zaan chianga vaah a taang chiangin, mial chu a chiahmangpah hi.

Huchi mahbangin, i hinkhua va hagaulam vaah a taang chiangin, hagaulam mial chu Pathian lungsiatna leh hehpihna a i pai utoh kiton in kintahin a taimang hi. Hagaulam mial chu natna bulpi leh innsung, natohna mun, leh khat leh khat kaal a kizopna a buaina bulpi ahihjiahin, lungnopna i mu thei sih uhi. Ahihvangin, hagaulam vaah i hinkhua va ahung taang chiangin, mihingte heetna leh siamna gamgi khel a buainate zong suhveng theih ahi a huleh i deihzawng photmah ahung kidawng hi.

Hagaulam Vaah

Hagaulam vaah bang ahiai huleh bangchiin na a tong ei? 1 Johan 1:5 chang tawp lam ah "Pathian chu Vaah ahi, huleh Amah mial mawngmawng a um sih," chih i mu a, huleh Johan 1:1 ah "Thu chu Patian ahi," chih i mu hi. A kigawm in, "vaah" in Pathian Amah ngei a kawh chauh hilou in, hizongleh A Thu thudih, hoihna, leh lungsiatna zong a kawh hi. Silbangkim siam ahih ma in, khovel mun zaautah ah Pathian chu Amah tang in A um a huleh bangmah a meelpuaahdan nei a um sih hi. Vaah leh awging kithuah in, Pathian in silsiamte zousiah ana khawlsah hi. Vaah nasatah, thupitah, huleh kilawmtah in sil zousiah a umkual a huleh huh vaah a kipat in aw kilawmtah, siangtah, leh hoihtah ahung pawtdoh hi.

Pathian vaah leh awging a ana um in, ta dihtahte laahkhawmna diinga mihing chituhna silphatuam bawlsahna ana guat hi. Meelpuahdan khat A neisah a, Amah chu Pathian a Mithumte in A kihawmkhen a, huleh Amah lim ngei in mihing A siam hi. Ahihvangin, Pathian hihna chu vaah leh awging ahi nailai a, huleh Ama'n vaah leh awging in na A tong nalai hi. Amah chu mihing meelpuaah hi in um mahleh, huh meelpuaahdan ah A silbawltheihna tawp nei lou chu vaah leh awging bangin a um hi.

Pathian silbawltheihna ban ah, thudih zia, lungsiatna leh hoihna chihte tel in hih hagaulam vaah ah a um hi. Bible bu sawmguup leh guup chu hagaulam vaah thudih kilakhawm awging a kisoidoh ahi uhi. Soidan tuam in, "vaah" kichi in Bible a hoihna, dihtatna, leh lungsiatna toh kisai thupiaahte leh changte zousiah, "Khat leh khat kilungsiattuah un," "Tawp lou in haamtei un," "Sabbath kem siangthou un," Thupiaah sawmte mang in" huleh hutobangte, a kawh hi.

Pathian toh Kimuhna diingin Vaah ah Pai in

Pathian in vaah khovel A vaihawm laiin, meelmap dawimangpa leh Setan in mial khovel ah vai a hawm hi. Huban ah, meelmapa dawimangpa leh Setan in Pathian a dou jiahun, mial khovel a teengte'n Pathian a mu thei sih uhi. Hujiahin, Pathian toh kimuhna diingin, na hinkhua a buaina tuamtuam umte na suhveng a, huleh dawnnate mu in, mial khovel apat a kintaha na hung pawtdoh a huleh vaah khovel ah na luut diing ahi.

Bible ah "Bawl diing" thupiaah tampi i mu hi. Hikhu ah "Khat leh khat kilungsiat un," "Khat leh khat na kitohsah un," "Haamtei un," "Kipaah un," huleh a dangdangte a tel hi. Huleh "Kem in" chih thupiaahte "Sabbath kem in," "Thupiaah sawmte kem in" chihte zong a um hi. "Sin" chih thupiaahte, "Zuau sin," "Haw sin," "Nang hoihna diing chauh ngaihtuah sin," "Milim be sin," "Guta sin," "Thangse sin," "Eng sin," "Soise sin," huleh a dangdangte tel in, tampi a um hi. Huleh, "Paihmang in," thupiaahte "Gilou photmah paihmang in," "Enna leh thangsiatna paihmang in," "Duhamna paihmang in, " huleh a dangdangte, zong a um hi.

A langkhat ah, hih Pathian thupiaahte juih chu vaah nuai a khosahna, i Lalpa sutna, huleh i Pa Pathian sutna ahi. A lehlam ah, Pathian in ahung hilh banga na bawl louhleh, kep diinga ahung hilhte na bawl louhleh, huleh paihmang diinga ahung hilhte na paihmang louhleh, mial ah na taamden diing hi. Hujiahin, Pathian thu man louh chu meelmapa dawimangpa leh Setan in a thuneihkhum mial khovel ah i um chihna ahi chih hezing kawm in, A thu dungjuia i hin va huleh vaah a i pai gige diing uh ahi.

Vaah a I Pai Chiangun Pathian toh i Kipawl uhi

1 Johan 1:7 bullam in ahung hilh bangin, "Amah ngei Vaah a, A um banga Vaah a i paileh, khat leh khat kipawlna i nei uhi," vaah a i pai a huleh i teeng chiangun Pathian toh kipawlhna nei in i kisoi thei uhi.

Pa leh a tate kikal a kipawlhna a um bangin, Pathian, i hagaute uh Pa toh kipawlhna i nei diing uhi. Ahihvangin, Amah toh kipawlhna i tungding leh kepbit theihna diingin, a poimoh i neih uh a ngai hi: vaah a pai a sualna paihmang. Hujiahin, "Amah toh kipawlhna ka nei chi ngala hizongleh mial i pai nalai va ahihleh, zuau i soi va huleh thudih i jui sih uhi (1 Johan 1:6).

"Kipawlhna" chu a langkhat chauh sil ahi sih hi. Mikhat na heet jiah mai in amah toh kipawlhna na nei chihna ahi sih hi. A langnih a kihetuah, kimuangtuah, huleh kingatuah, leh kihoutuah thei khop a kinaihna a um chinang a nihte kikal ah "kipawlhna" a um thei hi.

Etsahna diingin, a tamzote'n na gam va kumpi ahihlouhleh president na he uhi. President bangchituh he in ahihlouhleh amah toh kisai he mah lechin, ama'n ahung heet louhleh, nang leh presidentpa kikal ah kipawlhna a um sih hi. Huban ah, kipawlhna ah a thuuhdan tuamtuam a um hi. Nou gel chu a kithuah thei maimai na hi thei uhi; bang na bawl ei chiin a chaangchaang a kidong thei a kingai na hi thei uhi; ahihlouhleh, thuguuhte tanpha kikum thei khop kinaihna nei kipawlhna nei zong na hi maithei uhi.

Hikhu chu Pathian toh kipawlhna toh a kibang hi. Amah toh i kipawlhna uh kipawlhna dihtah ahung hih theihna diing, Pathian in ahung heet a huleh ahung heetpha a ngai hi. Pathian toh kipawlhna thuuhtah i neih va ahihleh, damlou leh chau in i um sih diing va, huleh dawnna muh louhna diinga umna diing bangmah a um sih diing hi. Pathian in A tate chu a hoihpen chauh piaah A ut a, huleh Daanpiaahkiitbu 28 ah hichiin ahung hilh hi i Pathian thu i mang va huleh A thupiaahte zousiah pilvangtaha i juih va ahihleh, i hung luut chiangun gualzawl i hi diing va huleh i pawtdoh chiangun gualzawl i hi diing uh; mite i basah diing va hizongleh koimah apat i ba sih diing; huleh a lu in i pang diinga huleh a mei hilou in.

Pathian toh Kipawlhna Dihtah Nei Ginna a Pate

David, Pathian in "Ka lungtang bang pua mikhat (Silbawlte 13:22), A chih in Amah toh bangtobang kipawlhna nei ahiai? David in Pathian a lungsiat a, a laau a, huleh amah ah hun teng in a kinga zingzing hi. Saul apat a, a taimang laiin ahihlouhleh gaal dou diinga a kuan chiangin, naupang in a nulepate kawm a khatkhat a, a dot bangin, David in, "Ka chiah diai? Khoi ah ka chiah diai? Chiin a dong gige a huleh Pathian thu A piaah bangin a bawl hi. Huban ah, Pathian in David kawm ah dawnna nemtah leh a bukim in A pe gige a huleh David in Pathian chihna banga a bawl chiangin gualzohna chu a banban in a tangtou hi (2 Samuel 5:19-25).

David in Pathian toh kipawlhna nuamtah a nei thei a, ajiahchu, a ginna toh, David in Pathian a sulungkim hi. Etsahna in, Kumpi Saul in vai a hawm tuung laiin, Philistinete'n Israel ahung sim uhi. Philistinete chu Goliatha, Israel sepaihte simmoh a huleh Pathian min soisia, in a makaih hi. Ahihangin, Israel kikulhna mun a koimah in Goliatha a ngam sih uhi. Hu laiin, naupang chakhat hi nalai zongleh, David chu galvan bei in

Goliatha maituah diingin suangtang nga lui apat a la toh a kuan hi, ajiahchu ama'n Israel Pathian bangkim bawl thei huleh kidouna chu Pathian a ahih chih a gingta hi. (1 Samuel 17). Pathian in natong in huchiin David suangtang in Goliatha taltang a kha hi. Goliatha sih nung in, huih ahung kiheng a, huleh Israel in gualzohna bukim a tang hi.

A ginna dettah jiahin, David chu "ka lungtang bang pua mi" chia Pathian ngaih in a um a, huleh pa khat leh tapa kipawlhna hoihtah nei a um in sil zousiah a kikup uh bangin, David a kawm a Pathian um toh silbangkim a bawldoh thei hi.

Bible in zong Pathian chu Mosi kimaituah in A kihou chih ahung hilh hi, Etsahna diingin, Mosi in Pathian kawm ah A mai lah diingin hangsantahin a ngen a, Pathian in amah chu a nget photmah A piaah hi (Pawtdohbu 33:18). Bangchidan Mosi in Pathian toh kipawlhna naitah nei thei ahiai?

Mosi in Israelte Aigupta apat a puidoh nung sawt lou in, ni sawmli sung an a ngawl a huleh Sinai Taang ah Pathian toh kihouna hun a zang hi. Mosi hung kileh hun diing a vaigeih jiahin Israelte'n a biaah theih diing uh milim a bawl uhi. Hikhu mu in, Pathian in Mosi kawm ah Israelte susia in Mosi chu nam thupitahin A siam diing chih thu A hilh hi" (Pawtdohbu 32:10).

Hikhu ah, Mosi in Pathian kawm ah hichiin a ngen hi, "Na lungthahna lauhuaitah apat kiheikit inla, na mite tunga tu diing hi sil gilou a'pat na lungsim heita in." A ziingni in, Pathian a ngen kiit hi: "Huchiin Mosi chu Lalpa kawm aah ahung tung kiit a, Oh, hi mite'n sual khawhtah mai ana bawl tava, sana pathiante akibawl ta uhi. Ahiin tuin a sualna uh na ngaihdam diing inchu; huleh na ngaihdamlouh diing inchu na lehkhabu gelhsa a'pat hehpihtahin hung thaaimang in!" (Pawtdohbu 32:31-32). Hute chu bangchibanga lungsiatna haamteina limdang leh guntuh ahiai!

Huban ah, Kisimbu 12:3 ah hichiin i mu hi, "Mosi chu leitung a mi zousiah laha jainempen ahi." Kisimbu 12:7, "Ka innsung mite zousiah laha ginum, ka suaah Mosi chu huchibang ahi sih hi." A lungsiatna thupitah leh a kingaihngiamna lungtang toh, Mosi chu A innsung zousiah ah a ginum thei a huleh Pathian kipawlhna naitah a nei thei hi.

Vaah a Pai Mite A diinga Gualzawlnate

Jesu, khovel vaah banga khovel a hung in, thudih leh vaangam tanchinhoih chauh A soi hi. Mial natohna a um meelmap dawimangpa a te chu, bangteng hileh, a kisoichian chiangin zong vaah a hesiam thei sih uhi. A doudaalna vah, mial a um mite'n vaah a pom thei sih ahihlouhleh hutdamna a tang thei sih uhi, himahleh hu sangin siatna lampi ah a pai uhi.

Lungtang hoih nei mite'n a sualna uh ahung mu va, a kisiih va, huleh thutah vaah jiahin hutdamna a mu uhi. Hagau Siangthou deihnate jui in, niteng in hagau piangsah in huleh vaah ah a pai uhi. Amau a pilna ahihlouhleh hihtheihna taahsapna chu buaipihhuai ahi nawn sih hi. Pathian vaah hipa toh kizopna a nei va, huleh Hagau Siangthou aw leh mapuina a tang uhi. Huchiangleh amau a diingin silbangkim ahung hoih diing a huleh vaan apat in pilna ahung nei diing uhi. Maimom leen banga kaantu buainate nei mahleh uh, a buaina suhvengna diing bangmah in a daal sih diing a huleh a lampi uh bangmah in a daal sih diing hi ajiahchu Hagau Siagthou in a kalsuanna zousiah vah mimaltahin a hilh diing hi.

1 Korinthete 3:18 hichia ahung hilh bangin, "Mi koimah amah leh amah kiheem sih heh. Na lahva mi koi aha hi khovela pil a kisah leh ahung pil theih na diingin mingol hung suaah heh," Pathian mitmuh in khovel pilna chu ngolna ahi chih i

heetdoh diing uh ahi.

Huban ah, Jakob 3:17 in hichiin ahung hilh hi, "Hizongleh tunglama hung kipan pilna chu amasapenin a siangthou phota, hujohchiangin kilep a uta, a nunnema, a hounuama, khotuahna leh gah hoihin a dima, khentuam anei sih a, alepchiah sih hi." Siangthouna i neih va huleh vaah a i chiah chiangin, vaan apat in pilna i tung vah ahung tu diing hi. Vaah a i pai chiangun, tasam mahlei i kipaahna dan khat i tung diing va huleh tasam tahtah leizong bangmah tasam lou banga kingaihna i nei diing uhi.

Sawltaah Paul in Philippite 4:11 ah hichiin a phuangdoh hi, "Taahsap jiahin ka soi ahi sih a, ajiahchu bangtobang dinmun a ding zongleng lungkimdan ka heta hi." Huchi mahbangin, vaah a i pai a ahihleh Pathian hamuanna i tang diing uhi, huh hamuanna leh nuamna chu ahung kikapdoh diinga huleh eimah ah a dimlet diing hi. Midangte toh kilemte chu a kinial un ahihlouhleh a innkuanpihte uh toh a kimeelma sih diing uhi. Husangin, a lungtang va lungsiatna leh khotuahna a luanglet jiahin, a muuh vapat in kipaahthu phuangdohna a tawp ngei sih diing hi.

Huban ah, vaah a i pai va huleh i hihtheih chiangchiang va Pathian i sut chiangun, 3 Johan 1:2 a, "Deihtah, sildang zousiah saangin, na hagau khantouh jel banga na khantouh diing leh damtaha na um diing deihin ka ngeen hi," chia kigial bangin, bangkima khantouhna gualzawlna chauh hilou in, hizongleh Pathian, vaah hipa thuneihna, hihtheihna, huleh silbawltheihna zong i tang ngeingei diing uhi.

Paul chu Lalpa toh a kituaah nung va huleh vaah a, a pai chiangin, Pathian in amah chu Jentelte kawm a sawltaah khat hihna toh silbawltheihna thupitah langsah thei diingin A siam hi. Stephen ahihlouhleh Philip chu zawlnei hi sih zongleh ahihlouhleh Jesu nungjuite khat hi sih zongleh uh, Pathian in amaute tungtawn in na thupitah A sem hi. Silbawlte 6:8 ah, "Huleh, Stephen, ginna leh silbawltheihna a dimin mi lahah silmah leh chiamchihna loupi tahte a bawl veu hi," chia kigial i mu hi. Silbawlte 8:6-7 ah, hichibang zong i mu hi, "Huleh, a silmah bawlte ajaahva, amuhun mipite'n Philip thusoi chu lungsim munkhat in angaihsah uhi.

Dawiniinte, aw ngaihtaha kikoua, mi tampi amatte uh sunga kipat ahung pawt va; huleh zeng leh keengbai tamtahte zong ahung dam taah jiahun."

Mikhat in amah chu vaah a, a paina jala a kisuhsiangthou leh Lalpa a sutna zahzah in Pathian silbawltheihna a langsah thei hi.

Pathian silbawltheihna langsah mi tamlou a um hi. Ahiinlan, A silbawltheihna langsah thei mite lah ah zong, mikhat in Pathian vaah hipa a sutna bangtan chiang hi ahiai chih a tuam chiat dungjuiin a silbawltheihna kilatsah zah letdan a tuam chiat hi.

Vaah Nuai ah Ka Hing Ei?

Vaah a paite tunga gualzawlna limdangtah kipiaah muhna diingin, eite koipouh in "Vaah nuai ah ka hing ei?" chih dotna kidot va huleh i kivelchian masat diing uh ahi.

Buaina khat va nei chet sih mahlechin, Khrist ah hinkhua "lum pelhpulh" na neikha ahihlouhleh Hagau Siangthou na zakha nai sih ei huleh puina nuai a na um sih ei chih na kietchian diing ahi. Huchi ahihleh, na hagaulam lusuhna apat na khanloh diing ahi.

Giitlouhna bangzah ahakhat na paihmang leh, hukhu a lungkim mai sin; naungeeh chu pichinng khat a ahung pichin bangin, ginna pate ginnna nang zong na tun diing ahi. Pathian toh kipawlhna thuuhtah leh Amah toh kipawlhna kinaitah na neih diing ahi.

Siangthouna lam a na tai leh, giitlouhna neupen nasan zong na muhdoh theih a huleh a bohdoh diing ahi. Thuneihna na neih tam semsem leh lutang sil na hung hi semsem a, midangte na natoh masat a huleh midangte lungluutna nah hawl diing ahi. Midangte'n, nang sanga ngiamzote zong tel in, na dihlouhna ahung kawhdoh leh, na ngaihkhiah theih diing ahi. Huatna ahilouhleh nuammoh sahna na neih a huleh mihingte lampi apat peetdohte na khentuam a huleh gilou na bawl sangin, lungsiatna leh jainemna ah na thuaah theih a ngai a huleh amaute lungsim na khoih a ngai hi. Mi koipouh na koihngiam a ahihlouhleh huatna na neih louh diing ahi. Nangmah dihtatna suang a midangte na simmohbawl a ahihlouhleh hamuanna na suhsiat louh diing ahi.

A khanglaizaw, zawngzaw, mi haatlouzote tung ah ka lungsiatna tamzaw ka langsah in ka piaah hi. Nulepate a tate uh chau leh damloute a chidamte sanga a khawhngaihzote bangin, hutobang dinmun a dingte a diingin ka hamatei tamzaw a, khatvei beeh simmohbawl kha lou in, ka lungtang laigil apat a na uh tohsah ka tum hi. Vaah a pai mite'n sil dihlou thupitah bawlte nasan a khawngaih va, huleh amaute a ngaihdam theih va huleh a mohna uh taahlat sanga a dihlouhna uh a khuhkhum zawh diing uh ahi.

Pathian natohna nasan ah, na hoihna ahihlouhleh na sepdohte na koihdoh ahihlouhleh taahlat louh diing ahi, hizongleh midangte na tohpihte panlaahnate na phawhpih diing ahi. A natoh uh heetpha leh phat ahih chiangin, na kipaah a na nuamzawh diing ahi.

Pathian in bangchizah a i Lalpa lungtang suun lungtang nei A tate lungsiat diing ahiai chih na ngaihtuah thei ei? Kum 300 Enok toh ana kiton bangin, Pathian chu Amah suun A tate toh A paikhawm diing uhi. Huban ah, chidamna gualzawlna a piaah chauh hilou in huleh lamchinteng ah silbangkim a hoih veh diinga, hizongleh A silbawltheihna beel manpha banga amaute A zatna diing zong A pe diing hi.

Hujiahin, ginna nei leh Pathian lungsiat a na kingaihtuah zongleh, na ginna leh lungsiatna bangzah Ama'n hungna heetpih diing ahiai chih na kietthah a, huleh vaah a na pai a huchia na hinkhua chu A lungsiatna chetna toh a luanglet a huleh Amah toh kipawlhna na neih chu i Lalpa Jesu Khrist min a ka haamteina ahi!

Thusoi 5
Vaah Silbawltheihna

1 Johan 1:5

Huchiin hichu
A kawm a pata ka zaah uh,
huleh na kawmva ka hung
hilhsawn uh thuhaah chu ahi,
Pathian chu Vaah ahi a,
Amah ah mial mawng mawng a um sih hi.

Bible ah, mi simseenglouhte'n A Tapa Jesu jala Pathian silbawltheihna limdang tahzet hung kilangte tungtawn a hutdamna, suhdamnate, huleh dawnnate a tanna uh siltung tampi a um hi. Jesu'n thu A piaah chiangin, natna chinteng suhdam in a um a huleh damloute chu suhhat leh tungding kiit in a um hi.

Mittawte'n a mu thei va, haam thei loute ahung haam va, huleh bilngongte'n a za uhi. Mi a khut vuai suhdam ahi a, pai theilou ahung pai kiit thei a, huleh mizeng chu suhdam ahi. Huban ah, hagau giloute chu nohdoh ahi va huleh misisa kaihthoh ahi.

Hih Pathian silbawltheihna natoh limdangtah chu Jesu chauh in A langsah sih a, hizongleh Thuhun Lui hun a zawlneite leh Thuhun Thah hun a sawltaahte tampi in zong a langsah uhi. Jesu'n A latsah Pathian silbawltheihna chu zawlneite leh sawltaahte bawlte toh a kikim sih hi. Huchi ahihvangin, Jesu leh Pathian ngei suunte kawm ah, Ama'n silbawltheihna pia in A beelte bangin A sawl hi. Pathian vaah hipa'n deacon Stephen leh Philip tungtawn in A langsah hi ajiahchu vaah amaute'n vaah nuai a pail eh Lalpa suun in siangthouna a tongdoh uhi.

Sawltaah Paul in "Pathian" banga Ngaih Theih Diing Khop in Silbawltheihna Thupi A Langsah hi

Thuhun Thah a mite lah ah, Sawltaah Paul in Pathian silbawltheihna a latsah chu Jesu ban chet ah a nihna in a pang hi. Ama'n Jentelte, Pathian hekha nailoute, kawm ah tanchinhoih, chiamchihna leh silmahte toh kithuah thuneihna thusoite a soi hi. Hitobang silbawltheihna toh, Paul in Pathian dihtah Pathian leh Jesu Khrist kawm ah a phuangdoh thei hi.

Milim biaahna leh hutobang haamteina chu hu laiin a tam mahmah chih ahihjiahin, Jentel khenkhat huchibang a mi heem a um ngei diing uhi. Hutobang mite kawm a tanchinhoih thehdalhna diingin Pathian silbawltheihna natoh haamteina dihlou silbawltheihna leh hagau giloute natoh peel a pai a ngai hi (Romte 15:18-19).

Silbawlte 14:8 a kipat chu sawltaah Paul in Lystra kichi gamkaih a tanchinhoih a soina thu ahi. Paul in a mi a pian apat a keengbai khat, "Na keeng in dingtang in!" chia thu a piaah chiangin mipa chu a dingtou a huleh a pai hi (Silbawlte 14:10). Mite'n hikhu a muh un, "Pathiante chu mihingte bang ahung hita va huleh eite lah ah ahung kumsuh hi" (Silbawlte 14:11). Silbawlte 28 chu sawltaah Paul long tuahsia a tuaah nung Malta tuikulh a ahung tunna ahi. Hanawtna sing tom a, a um a huleh meikhu a, a sehluut laiin, guul khat, a lum in a delhdoh in, a khut a vial hi. Hikhu mu in, tuikulh gam mite'n hung pawm a ahihlouhleh si ngal diingin a ngaihtuah uhi, hizongleh Paul bangmah a chih louh chiangin, mite'n amah chu pathian ahi a chi uhi (c. 6).

Sawltaah Paul in Pathian mitmuh a kilawm lungtang a neih jiahin, A silbawltheihna kilangsah in huchiin amah chu mite'n "pathian" bang khop in a ngai uhi.

Pathian Vaah Hipa Silbawltheihna

Silbawltheihna chu a deih pouh kawm a piaah ahi sih hi; Pathian suun leh siangthouna tongdohte kawm chauh a piaah ahi. Tuni tan in zong, Pathian in A silbawltheihna chu loupina beel banga zat theih diinga piaahdohna mite A hawl hi. Hujiahin Mark 16:20 in hichiin ahung hesah kiit hi, "Huleh amah u'chu akuandoh va, mun chinah thu asoita va, Lalpa'n amah uh atohpih a, chiamchihnain juuiin athu chu asukip jel hi."Jesu'n zong Johan 4:48 ah hichiin a soi hi, "Chiamchihna leh silmahte na muh louh u'leh na gingta sih diing uh."

Mihing simseenglouhte hutdamna huang puiluutna diingin chiamchihna leh silmahte langsah thei vaan apat silbawltheihna a ngai, hukhu in Pathian hing a heetpih semna diingin. Sualna leh giitlouhna in na a tohna khang ah, chiamchihna leh silmahte chu a poimoh tahzet hi.

Vaah a i pai chiangin huleh i Pa Pathian toh hagau a khat i hung hih chiangun, Jesu A latsah silbawltheihna thupitah i langsah thei uhi. Hikhu jiah chu i Lalpa'n ahung chiamna jiah ahi, "Chihtahjetin, chihtahjetin, ka hung hilh ahi, Koipouh kei hung gingta inchu ka silbawlte ama'n zong a bawlve diinga, huleh hite saanga loupi zaw zong a bawl diing, ka Pa kawm a ka chiah diing jiahin" (Johan 14:12).

Mi koipouh in hagaulam gam silbawltheihna Pathian chauh a diing hitheih a latsah a ahihleh, huchiin amah chu Pathian A heet a ngai hi. Psalm 62:11 in hichiin ahung hesah kiit hi, "Khatvei Pathian in A soi kalsiah; hikhu nihvei ka za hi: silbawltheihna chu Pathian a ahi," meelmapa dawimangpa leh Setan in Pathian a silbawltheihna chu a langsah thei sih uhi. Himah e, amaute chu hagaulam mi ahihjiahun mite heem theihna diing leh Pathian douna diing mi noh theihna silbawltheihna sangzaw a nei uhi. Bangteng hileh, sil khat, a dih a um hi: koimah in Pathian silbwltheihna, hinna, sihna, haamsiatna, huleh mihing khangthu, huleh bangmahlou apat a silkhat bawldohnate, tung a thu A neihna a enton thei sih diing hi. Silbawltheihna chu Pathian vaah hipa gam a ahi a, huleh siangthouna tongdohte leh Jesu Khrist ginna buuhna chiang tungzoute chauh in a langsah thei uhi.

Pathian Thuneihna, Hihtheihna leh Silbawltheihna

Pathian hihtheihna guanna ahihlouhleh kawhna ah, mi tampi thuneihna leh hihtheihna, ahihlouhleh hihtheihna leh silbawltheihna a kibang in a koih va; ahihvangin, hiteng thum lah ah kilimdanna liantah a um hi.

"Hihtheihna" chu ginna silbawltheihna huchu silkhat mihing a diinga hitheilou Pathian a diinga hithei ahi. "Thuneihna" chu Pathian in A tunding silbawltheihna thupi, zahum leh tungnung ahi a, huleh hagaulam lalgam ah sualbeina dinmun chu silbawltheihna ahi. Soidan tuam in, thuneihna chu siangthouna ahi, huleh Pathian ta kisusiangthoute a lungtang va giitlouhna leh thudihloute paihmang vehte'n hagaulam thuneihna a tang thei uhi.

Huchi ahihleh "silbawltheihna" bang ahiai? Hikhu in Pathian hihtheihna leh thuneihna giitlou chinteng koihkhia a huleh suhsiangthou a hung umte tunga A piaah khu a kawh hi.

Hikhu etsahna diingin la un. Gari heehtu in "gari heehna diing "hihtheihna" a nei hi, huleh "traffic officer" in gari taina diing ana hilhtu in gari khat pouhpouh khawlsahna diing "thuneihna" a nei hi. Hih thuneihna – gari khat pouhpouh khawlsahna diing leh lampi a taisah kiitna diing – chu solkal in "officer" kawm a, a piaah hi. Hujiahin, gari heehtu in gari heehna diingin "hihtheihna" nei mahleh, traffic officerpa "thuneihna" nei lou ahihjiahin, gari heehtu chu officerpa'n a khawlsah ahihlouhleh a paisah chiangin gari heehtu in a ngaihkhia diing ahi.

Hichi bangin, thuneihna leh hihtheihna chu a kibang sih hi, huleh thuneihna leh hihtheihna a kigawm chiangin, silbawltheihna i chi hi. Matthai 10:1 ah, hichi a kimu hi, "Huleh ama'n a nungjui sawmlenihte a kouh johin, a kawm vah dawi niinte nohdoh theihna leh damlouhna chinteng leh natna chinteng suhdam theihna thuneihna a pia hi." Silbawltheihna in hagau giloute nohdohna diing "thuneihna" leh natnate leh damlouhnate suhdam theihna "hihtheihna" a tuunkhawm hi.

Suhdamtheihna Silpiaah leh Silbawltheihna Kibatlouhna

Pathian vaah hipa silbawltheihna ana hechian loute'n suhdamtheihna silpiaah toh kibangin a koih veu uhi. 1 Korinthete 12:9 suhdamna silpiaah in natna natnahit khawhtah natoh toh kisai a soi hi. Hikhu in tahsa tung a kahiang got jiah ahihlouhleh thaguite sih jiah a bilngongna leh haamtheihna hung umte a sudam thei sih hi. Hutobang natna leh damlouhna Pathian silbawltheihna leh Amah lungkimsah ginna a haamteina jal in a suhdam theih hi. Huban ah, Pathian vaah hipa chu hun chinteng in taahlat ahi laiin, suhdamna silpiaah in na a tong gige hi.

A langkhat ah, Pathian in suhdamna silpiaah chu, mite'n a lungtang uh a suhsiangna chiang uh soi louh in, midangte leh a hagau uh diinga naahtaha lungsiat leh nasataha haamteite, huleh Pathian in beel hangsan leh phatuam A sahte kawm ah A piaah hi. Ahihvangin, suhdamtheihna silpiaah A loupina diinga zatlouh ahih a hizongleh dihloutah leh mikhat lawhna diinga zat ahihleh, Pathian in A lakiit ngeingei diing hi.

A lehlam ah, Pathian silbawltheihna chu lungtang suhsiangthouna tongdohte kawm chauh ah a piaah hi; khatvei a kipiaah kalsiah, a chau ahihlouhleh a vul sih hi ajiahchu a dongtu in amah lawhna diingin a zang sih hi. Huchih naahsangin, mikhat in Lalpa lungtang a sut semsem leh, silbawltheihna dan sangzaw Pathian in A pe diing hi. Mikhat lungtang leh umdan chu Lalpa a toh khat ahung hih leh, Jesu Ngei in A latsah Pathian silbawltheihna ngei nasan zong a langsah hi.

Pathian silbawltheihna kilatdan lampi tuamtuam a um hi. Suhdamna silpiah in natna khawhtah leh vaang mahmahte a sudam thei sih a huleh ginna neucha neite chu suhdamna silpiaah in suhdam hahsa a sa hi. Ahihvangin, Pathian vaah hipa silbawltheihna tungtawn in, bangmah ahi thei lou a um sih hi. Damlou in ginna neukhat a latsah in zong, Pathian silbawltheihna tungtawn a suhdamna kintahin a tung thei hi. Hitah ah, "ginna" kichi in hagaulam ginna huh tungtawn a mikhat in a lungtang lailung apat a, a gintaatna a kawh hi.

"Suun leh zaan in ka mittui a luang. 'Naupang AIDS vei'" banga mite'n ahung et chiangun na ka diaahkhol hi."

Lalpa'n A silbawltheihna toh ahung sudamta a huleh ka innkuante a muisah hi. Tuin ka kipaah mahmah hi!

Esteban Juninka, Honduras a um, AIDS anat suhdam

Pathian Vaah Hipa Silbawltheihna Dan Lite

Jesu Khrist zaanni leh tuni a kibang tungtawn in, koipouh Pathian mitmuh a beel hoih a ngaihte'n A silbawltheihna a langsah diing uhi.

Pathian silbawltheihna kilatna dan tuamtuam a um hi. Hagau na tohdoh tamsem leh, silbawltheihna dan sangzaw ah na luut diinga huleh na tang diing hi. A hagaulam mitte uh kihong mite'n vaah taangdan dan tuamtuam chu Pathian silbawltheihna dan chih dungjuiin a mu diing uhi.

Silbawltheihna dan khatna vaah san, Hagau Siangthou meikuang in a suhsiat, a Pathian silbawltheihna kilatna ahi.

Hagau Siangthou meikuang chu silbawltheihna dan khatna vaah san tungtawn a kilang in natna natna hi leh natnahit in a suhkha natnate a halkaang leh a sudam hi. Natna cancer, tuaap natna, zunhum natna, teehnatna, kal natna, guh natna, lungphu buai, huleh AIDS te tel in a suhdam theih hi. Hikhu in, bangteng hileh, hih a tunga natnate tengteng chu silbawltheihna dan khatna in a sudam thei veh chihna ahi sih hi. Pathian in ana sehsa hinkhua gamgi peel a kalsuan zousate, chih chu cancer

ahihlouhleh tuaap natna dinmun nunungpen a dingte toh kisai in ahihleh, silbawltheihna dan khatna a huntawh sih diing hi.

Tahsa kahiang sesa ahihlouhleh hoihtaha natong loute suhhing kiitna diingin silbawltheihna nasazaw a sudam diing chauh hilou in himahleh tahsa kahiangte bawlthah diing a mamoh hi. Hutobang dinmun ah zong, damlou in a ginna a latsahna chiang leh a innkuante'n a ginna uh amah a lungsiatna va a kilatsahdan vah Pathian in bangchiang a, A silbawltheihna A suhlat diing a kinga hi.

A kiphuhkhiah apat in, Manmin Central Church ah silbawltheihna dan khatna kilatna simseenglouh a um hi. Mite'n Pathian thu a mang va huleh haamteisahna a tan chiangun, natna bangtobang dinmun hizongleh khawh hizongleh suhdam in a um uhi. Mite'n ahung chibai va ahihlouhleh ka puan mong a khoih va, rumal ka haamteikhumsa khat tungtawna, huleh 'automated telephone' a thusoi kikhum tungtawn a haamteina a muh va, ahihlouhleh damloute limlaah tung a ka haamteisah chiangin, Pathian suhdamna chu ahun tengin a kim jeljel hi.

Silbawltheihna dan khatna a natoh chu Hagau Siangthou tungtawn a suhsiatna chiang ah a khawl sih hi. Hun tomkhat a diing nasan in, mikhat ginna a, a haamtei a huleh Hagau Siangthou thop, khoihkhaah, leh dimsah ahung hih chiangun, mimal koipouh in Pathian silbawltheihna natoh thupizaw nasan zong ahung kilang hi. Ahihvangin, hikhu chu a changchang a hung um ahi a huleh Pathian silbawltheihna a kiphumden ahi chih chetna ahi sih a, A deihna toh a kituaah chiang chauh a siltung ahi.

Silbawltheihna dan nihna chu rong dum tungtawn a Pathian silbawltheihna kilatna ahi.

Malaki 4:2 in hichiin a chi hi, "Hizongleh ka min lau nanguh diingin chu dihtatna Ni, a ha-a suhdamna neiin ahung suh diinga; huleh na pawtdoh diing va, gan-inna bawngnou khawi bangin na khang lian diing uhi." Mite a hagaulam mit kihong in suhdamna vaahzung laser tobang a hung kikaapdoh a mu thei hi.

Silbawltheihna dan nihna in mial a delhdoh a huleh dawi in a mat, Setan in a thunun, leh hagau gilou tuamtuamte'n a opkhumte uh a zalensah hi. Mial thahatna in ahung tut lungtang natna, 'autusm, nervous breakdown,' leh a dangte chu silbawltheihna dan nihna in a sudam hi.

Hitobang natnate chu i "Kipaah zingzing" a huleh "silbangkim a kipaahthu i soi" leh a daal theih hi. A gige a kipaah leh silbangkim a kipaahthu soi naahsanga, midang huatna na hung neih a, lungsim hoihlou na pai a, a dihlou zawng a na ngaihtuah a, huleh na lungthah baih leh, huchiang in hutobang natnate na vei baihsem uhi. Setan thahatna, mikhat gilou ngaihtuahna leh lungtang neisahtu, chu nohdoh ahi va, huchiin huh lungsim natnate zousiah amah a suhdam in a um diing hi.

A vangkim in, Pathian silbawltheihna dan nihna tungtawn in, tahsalam natna leh damlouhnate chu suhdam ahi. Hutobang natna leh damlouhnate dawite leh dawimangpate natoh tungtawn a kisemdoh chu Pathian silbawltheihna dan nihna vaah jala suhdam in a um hi. Hitah ah "damlouhnate" kichi in tahsa kahiang a vuai leh zeng, huleh pian apat a haam thei lou, bilngong, keengbai, mittaw, zengte chihna a kawh hi.

Mark 9:11 apat Jesu'n "bilngong leh haam thei lou hagau" naupang apat a nohdohna siltung ahi. Naupangpa chu a sunga hagau gilou um jiaha bil ngong leh haam thei lou ahi. Jesu'n hagau a nohdoh chiangin, naupangpa chu kintaha suhdam ahi.

Huchi mahbangin, natna hung kipatna chu mial thahatna, dawite telin, ahih chiangin hagau giloute chu damlou suhdam ahihna diingin delhdoh ahih diing ahi. Mikhat a sunglam a nervous breakdown jiaha buaina nei a um leh, Setan thahatna delhdohna tungtawn a, a kipatna bohdoh diing ahi. Hutobang natna zeng leh guhnatna chihte, thahatna natoh leh mial sangte

chu a kimudoh thei hi. Khatveivei, damdawi lam in tahsa damlouhna a muhdoh theihlouh vangin, mite'n a tahsatung ah natna mun tuamtuam ah a thuaah uhi. Hitobang a damlou mikhat a diinga ka haamtei chiangin, midang a hagau mit uh kihongte'n mial thahatna gamhing kidahhuai limpua damlou sapum apat pawtdoh a mu veu uhi.

Mial thahatna natna leh damlouhnate a kimu ban ah, Pathian, vaah hipa, silbawltheihna dan nihna, in zong mial thahatna innsung, sumhawlna, leh natohna mun a te a delhdoh thei hi. Pathian silbawltheihna dan nihna langsah thei mikhat in inn a sawina thuaah leh natohna leh sumhawlna mun a gentheite a va veh a huleh mial delhdoh ahih a huleh mite tung a vaah a hung tun chiangin, a natoh dungjui un a tung vah gualzawlna a hung tung hi.

Pathian deihna dungjuia misisa kaihthoh ahihlouhleh mikhat hinna laahsah chu Pathian silbawltheihna dan nihna ahi veve hi. A nuai a etsahnate hih dinmun ah a ding hi: sawltaah Paul in Eutychus a kaihthohna (Silbawlte 20:9-12); Anania leh Sapphira in sawltaah Peter a heemna uleh a nung a haamsiatna a sihna uh tutu (Silbawlte 5:1-11); huleh Elisha in naupangte a haamsiat a, a tung va sihna a tunna (2 Kumpipate 2:23-24).

Huchiin, Jesu natoh leh sawltaah Paul leh Peterte leh Zawlnei

"Ka sapum a bawn a kihuan min chu
et zong ka en ut sih a...

Ka tang a ka um chiangin,
Amah ka kawm ah ahung hi
A khut ahung zandoh a,
huleh A kawm ah ahung koih hi...

A lungsiatna leh kipiaahzohna jalin
hinkho thah ka neita
Lalpa a diinga ka bawl theihlouh
bang a um ei?"

Senior Deaconess Eundeuk Kim,
a lu apat a keengtan
'third degree' meikaang apat suhdam ahihna

Elisha natohte ah kibatna lianpi a um hi. A tawpna ah, Pathian hagau zousiah Lalpa hi in mikhat hin diing leh sih diing A phalsah hi. Ahihvangin, Jesu leh Pathian chu khat leh a kibang ahih jiahun, Jesu'n A deih chu Pathian deih ahi. Hikhu jiahin Jesu'n A thu tungtawn a thu piaah in misi A kaithou a (Johan 11:43-44), huchih laiin zawlnei leh sawltaah dangte'n Pathian deihna leh A phalsan a ngei uh a ngai hi.

Silbawltheihna dan thumna chu vaah rong ngou ahihlouhleh rongbei tungtawn a Pathian silbawltheihna kilatna ahi a, huleh chiamchihna chinteng leh silsiamna natohna toh kithuah ahi.

Pathian vaah hipa silbawltheihna dan thumna ah, chiamchihna nam chinteng leh silsiamna natohna a kilang hi. Hitah ah, "chiamchihna" kichi in mittawte'n ahung muhtheihna uh, haamthetloute hung haamna, huleh bilngongte'n khuah ahung zaahna uh suhdamna a kawh hi. Keengbaite ahung dingdoh va huleh a pai va, keengtomte keeng ahung khangsau a, huleh ngeehlai a zeng ahihlouhleh huaahlam buaina neite ahung damsiang uhi. Pian tuung apat a piangsual ahihlouhleh tahsa kahiang khenkhat natong thei lou a umte hoihsahkiit in ahung um hi. Guh keehzaahte koihkhawm kiit ahung hi a, guh mangsate ahung kisiamdoh kiit a, huleh leitomte ahung khang a, huleh thaguite ahung kizopkiit hi. Huban ah, Pathian silbawltheihna dan khatna, nihna, huleh thumna vaahte a poimoh dungjuiin dan thumna ah ahung kilangkhawm a, natna leh damlouhna bangmahin buaina a langsah sih hi.

Even if someone is burned from head to toe and his cells and muscles are burned, or even if the flesh is cooked by boiling water, God can create everything anew. As God can create something from nothing, He can fix not only inanimate objects such as machinery, but also human body parts that are not well.

Manmin Central Church ah, rumal haamteina ahihlouhleh 'automated telephone thusoi' tungtawn a haamteina kikhum jalin sunglam natnate leh a segawptasate suhhoihkiit in a um hi. Tuaap hah siat a sesate suhdam leh kal leh sin a thah a hen ngaite ahung hoihkiit chiangin, Pathian silbawltheihna dan thumna ah, silsiamna silbawltheihna natohna chu tawp lou in a kilangdoh hi.

Silkhat chiangtaha khendoh diing a um hi. A langkhat ah, tahsa kahiang khat natohna chau ahung hoihkiit a ahihleh, huchu Pathian silbawltheihna dan khatna ahi. A lehlam ah, tahsa kahiang khat a hoihkiitna diing lametna um lou keei ahung hoih kiit chiangin ahihlouhleh a thah a ahung kisiam chiangin, huchu Pathian silbawltheihna dan thumna, silsiam silbawltheihna ahi.

Silbawltheihna dan lina chu sana rong vaah a Pathian silbawltheihna kilatna ahi a, huleh silbawltheihna hung gahkhia ahi.

Jesu tungtawn a kilang silbawltheihna natoh apat a i soi theih mahbangin, silbawltheihna dan lina in silbangkim a vaihawmkhum a, khohun tung vai a hawm a, huleh hinna nei lou silte nasan zong thumang diingin a hilh hi. Matthai 21:19 ah, Jesu'n theipi kung A haamsiat chiangin, "Thakhat in theipi kung a vuai," chih i mu hi. Matthai 21:19 apat in a bante ah Jesu'n huihpi leh tuikihawt A tai a, huleh hichu ahung daidide hi. Khohun leh hinna neilou silte huih leh tuipite nasan zong Jesu thupiaah mangin a um uhi.

Jesu khatvei Peter kawm ah tui thuuhtah a, a leen sep diingin A sawl a, huleh Peter in thu a man chiangin, huchia nga tampi petmah man in huchiin a leen ahung keeh hi (Luke 5:4-6). Hun dang khat ah, Jesu'n Peter kawm ah, "Nang tuipiah vachiah inla, ngakuai vakhai inla, nga na khaidoh masatpen lain; huleh a kam keeh lechin dangka teng khat na mu diing; huchu la inla, kei leh nanga dingin a kawm vah piain, huchilouin zaw i sulunghimoh kha diing" (Matthai 17:24-27).

Pathian in A thu in leitung a sil zousiah A siam jiahin, Jesu'n

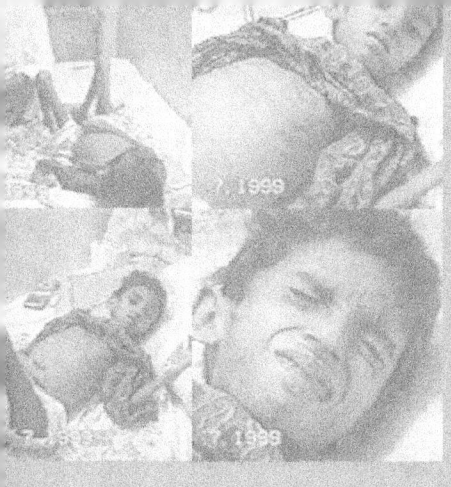

"A na beehseeh hi...
A na beehseeh hi
ka mit ka hah thei sih...
Koimah in ka na sah ahung he
sih,
hizongleh Lalpa'n A he ve a
huleh suhdam ka hi."

Cynthia Pakistan a um,
nuzang leh gil na apat suhdam a um

khovel thu A piaah chiangin, A thu a mang a huleh a tahtah ahung suaah hi. Huchi mahin, khatvei ginna dihtah i neih kalsiah uh, i kinep uh bang ahiai chih a chiang diing va huleh i muh louhte uh zong a um ngei ahi i chi diing uhi (Hebraite 11:1), huleh silbawltheihna natoh sil zousiah bangmahlou apat a siamtu ahung kilangdoh diing hi.

Huban ah, Pathian silbawltheihna dan lina ah, natoh chu hun mun peel in a kilangdoh hi.

Jesu'n Pathian silbawltheihna A latsahte lah ah, tamloute'n hun leh mun a paipeel hi. Mark 7:24 apat in a ban ah numei khat in a tanu dawimat sudam diingin Jesu a ngen hi. Hih numei kingaihngiamna leh ginna mu in, Jesu'n a kawm ah hichiin A hilh hi, "Huin athoua, hu-akipanin Tura leh Sidon gam kual sung ah a chiahta a, inn khat ah a luut a, koimah heet diing a deih sih a; hizongleh a kiphual zou sih hi" (c.29). Numeinu inn ahung kileh in, a tanu lupna tung a lum a mu a, huleh dawi in a nuseta hi.

Jesu'n damlou chinteng mimal a, A veh louh vangin, damloute ginna A muh a huleh thu A piaah chiangin, hun leh mun peel ah suhdamna a tung hi.

Jesu tui tung a, A paina, Amah chauh in A latsah silbawltheihna natoh khu in, khovel a silbangkim chu Jesu thuneihna nuai a um ahi chih a phuang hi.

Huban ah, Jesu'n Johan 14:12 ah hichiin ahung hilh hi, "Chihtahjetin, chihtahjetin, ka hung hilh ahi, Koipouh kei hung gingta inchu ka silbawlte ama'n zong a bawl ve diinga, huleh hite saanga loupizaw zong a bawl diing, ka Pa kawm a ka chiah diing jiahin. Amah ahung chiam bangin, Pathian silbawltheihna natoh limdangtah chu tuni in Manmin Central Church ah latsah in a um hi.

Etsahna diingin, silmah tuamtuam khohun kihenna umsah a tung hi. Ka haamtei chiangin, mitphet kal lou in guahzu a tawp a, meipi mial ngemngom ahung theng a; huleh vaan siang kilkel chu thakhat in meipi in ahung dim hi. Sil hinna neiloute'n ka haamteina hung mang siltung simseenglouh a um hi. Hinkhua a diinga lauhhuai carbon monoxide gu um hun ah zong, ka thupiaah nung minit khat ahihlouhleh nih sung in, khophawh louh a um mikhat chu ahung halh a, a khonung guuh bangmah a thuaah hi. Mikhat 'third-degree' tan meikaang a diinga ka haamteisah chiangin, "Sa sahna, a bei hi," huleh a mipa'n na bangmah a thuaah nawn sih hi.

Hih ban ah, Pathian silbawltheihna natoh hun leh mun peel a

tung chu a tamzosem leh thupizosem in a tung hi. Cynthia, Rev. Wilson Johan Gill, Pakistan Manmin Kouhtuam a pastor kumlui, tanu tungtaang chu a tuambiih mawngmawng a chiamteh theih ahi. Cynthia a diinga a limlaah tunga Seoul, Korea apat ka haamteisah chiangin, numeinaupang khat daktorte'n zong kinepna a neih nawn louh chu, meel a sanga sim a gamla apat a ka haamteisah chiangin kintahin ka haamteisah lai in ahung damdoh hi.

Silbawltheihna dan lina ah, natna suhdamna diing silbawltheihna in, mial thahatna a nohdoh a, chiamchihna leh silmahte a langsah a, huleh sil zousiah thumang diingin thu a piaah a – silbawltheihna dan khatna, nihna, thumna, leh lina natohna kigawmkhawm – chu ahung kilangdoh hi.

Silsiam Silbawltheihna Sangpen

Bible in Jesu sibawltheihna taahlaat silbawltheihna dan lina tunglama te a gial hi. Hih silbawltheihna dan, Silbawltheihna Sangpen chu Siamtu a ahi. Hih silbawltheihna chu mihingte'n A silbawltheihna a lalsah theihna dan vah a um sih hi. Hutah sangin, Pathian Amah chauh a, A um laia taanvaah vaah bulpi apat a hung kuan ahi.

Johan 11 ah, Jesu Lazar, ni li paita a sisa leh a luang namsegawpta kawm ah, "Lazar, hung pawtdoh in!" chiin thu A piaah hi. A thupiaah ah, mi sisa ahung pawtdoh a, a khutte leh keengte chu puannem in a kituam a, huleh a mai chu puan in a kituam hi (c. 43-44).

Mikhat in gilou chiteng a laahkhiat zoh chiangin, suhsiangthou in a um a, Pa Pathian lungtang ahung suun a, huleh hagau buching in ahung kiheng a, huleh hagaulam gam ah a luut diing hi. Hagaulam gam heetna ahung kholkhawm tamsem leh, Pathian silbawltheihna dan lina tunga a latsahna a sangsem diing hi.

Huh hun ah, silbawltheihna dan a tung hi, silbawltheihna Pathian chauh in A latsah theih, Silsiamna Silbawltheihna Sangpen chu. Mikhat in hikhu a sepdoh veh chiangin, khovel a Pathian in bangkim A thu a, A siam lai bangin, silsiamna limdangtah zong a langsah diing hi.

Etsahna diingin, mittaw khat, "Na mit hah in," chia thu A piaah chiangin, mittawpa mit chu thakhat in ahung kihong hi. Haamtheilou khat "Haam in!" chia thu A piaah chiangin, haamteilou chu a peetpeet in ahung haam diing hi. Keengbai khat, "Ding in" chia thu A piaah chiangin, keenbaipa chu a pai in a tai diing hi. Meimapawn, leh tahsa kahinag a vuaisa khat thu A piaah chianign ahung kisiamthah diing hi.

Hikhu chu Pathian, hun kipat tuung apat a vaah leh awging a um in vaah leh aw tungtawn a, A sepdoh ahi. Vaah a silsiamna silbawltheihna phaahtawp nei lou chu awging a kaih chiangin, vaah ahung kumsuh a huleh natoh ahung kilangdoh hi. Hikhu chu mite, Pathian in hinkhua gamgi A bawlsah peel a kalsuante, huleh natnate leh damlouhnate silbawltheihna dan khatna, nihna, ahihlouhleh thumna in a suhdamtheihlouhte suhdamna diing lampi ahi.

Pathian vaah hipa Silbawltheihna Tanna

Bangchiin Pathian vaah hipa lungtang i suun un, A silbawltheihna i tang un, huleh mihing simseenglouhte hutdamna lampi ah i puiluut thei diviai?

Khatna, gilou a kilangn photna apat i kihepdoh va huleh siangthouna i sepdoh uh chauh hilou in, hizongleh lungtang hoih zong i neih va huleh hoihna sangpen i lunggulh diing uh ahi.

Mikhat na hinkhua hahsataha hung umsah ahihlouhleh ahung suna tunga lungnoplouhna ahihlouhna nuammohsah chiamchihnate na latsah louh a ahihleh, lungtang hoih tongdoh in na kisoi thei diai? Hilou, hutobang ahi sih hi. Lungtang a lungkimlouhna ahilouhleh nuammohsahna a um louha huleh na ngaah a na thuahzoh leh, Pathian mitmuh in hichu hoihna kalbi khat chauh ahi.

Hoihna dan sangzaw ah, mikhat chu amah hinkhua a hahsatna tutu ahihlouhleh sunatu lungkhoih diingin a haam in huleh a gamta diing hi. A hoihna sangpen Pathian lungkimpihna ah, mikhat a meelmate tanpha a diinga a hinna a piaah ngam a ngai diing hi.

Jesu'n Amah kilhbelhtute A ngaihdam thei a huleh hutobang mite a diingin a thawn in A hinna a pe ngam hi ajiahchu Amah in hoihna sangpen A nei hi. Mosi leh sawltaah Paul te'n amaute thahsawm mite ngei a diinga a hinna uh piaah a ut uhi.

Pathian in Israel mite, chiamchihnate leh silmah thupitahte a muh nung nasan va milim-biaahna, phunnawina toh Amah doudaalte, suhsiat A tup laiin, Mosi in bang a chi dawnbut ei? Chihtahtahin Pathian a ngen a: "Ahiin tuin a sualna uh na ngaihdam diing inchu - ; huleh na ngaihdamlouh diing inchu na lehkhabu gelhsa a'pat hehpihtahin hung thaaimang in," (Pawtdohbu 32:32), a chi hi. Sawltaah Paul zong huchimah ahi. Romte 9:3 a, a phuang mahbangin, "Bangjiahin ahiai i chihleh ka unaute, tahsa lama ka chipihte luangin keimah Khrist kawm a pat bawltuam khopa haamse thuaahin um leng ka chi hi," Paul in hoihna sangpen a tongdoh a huleh Pathian silbawltheihna natoh thupitah in amah a jui gige hi.

A ban ah, hagaulam lungsiatna i tohdoh diing uh ahi.

Lungsiatna chu tuni in a kiam mahmahta hi. Mi tampite khat leh khat, "Ka hung lungsiat," kichituah mahleh uh, hun hung pai toh kiton in, hih "lungsiatna" a tamzaw chu a kiheng jel tahsalam lungsiatna ahi. Pathian lungsiatna chu hagaulam lungsiatna a ni a ni a hoih deuhdeuh ahi a, huleh 1 Korinthete 13 ah a bukim in a kisoi hi.

Khatna, "Lungsiatna a thuaahthei a [huleh] a jainem hi. A thangse sih hi." I Lalpa'n i sualna leh hoihzohlouhna zousiah ahung ngaihdam a, huleh ngaihdam theih louhte nasan thuaahzoutaha hung ngaah in hutdamna lampi ahung honsah hi. Ahihvangin, Lalpa i lungsiatna i phuangdoh vangun, i sanggampa leh sanggamnu sualnate leh hoihzohlouhnate taahlangpah diingin i kinoh viai? Midangte ahihlouhleh mikht i deihna bang ahih louh chiangin i thutankhum un huleh i mohpaihpah viai? Mikhat hinkho nuam a hing i thangsia un ahihlouhleh nuammoh sa in ina um viai?

A ban ah, lungsiatna chu "a kiphat sih a [huleh] a kiuangsah sih" (c. 5). A polam a Lalpa paahtawi in kilang zonglei, midangte hung heetpha diing deihna lungtang i neih va ahihleh, ei leh ei i kisoiphat va huleh i dinmun ahihlouhleh thuneihna jiaha midangte bangmah a i koih va i hilhbawl leh, hichu kiphatna leh kisahtheihna ahi.

Huban ah, lungsiatna "A kilawmlouin a gamta sih a, amah diing chauh angaihtuah sih a, alungthahbaih sih a, silgilou angaihtuah sih hi" (c.5). Pathian leh mihingte lama i umdan uh huham, i lungtang leh lungsim deengdel kiheng pahpah thei, midangte thuahna diing khop a mahni letzawhna diinga panlaahna, i neih pahpah lunggel hoih lou, ngaihtuahna kawi i neih jeljelna leh midangte giitlouhna leh hutobangte'n, lungsiatna a tuunkha sih hi.

Huban ah, lungsiatna "Dihtatlouhna ah a kipaah sih a, hizongleh thutah ah a kipaah hi" (c.6). Lungsiatna i neih va ahihleh, thudiha i pai va huleh i nuam diing uh ahi. 3 Johan 1:4 in hichiin ahung hilh hi, "Ka tate thutahah a um uh chih ka jaah saanga kipaahna lianzaw ka nei sih hi," thudih chu i nuamna leh kipaahna bul ahih diing ahi.

A tawpna ah, lungsiatna in "Sil zousiah puaahdaan asiam a, sil zousiah agingta a, sil zousiah alamen a, sil zousiah athuaah mualsuaah hi" (c.7). Pathian gingta dihtahte'n Pathian deihna ahung he va, huleh huchiin silbangkim ahung gingta uhi. Mite'n i Lalpa hung kiitna diing, gingtute thohkiitna, vaangam lawmman, huleh hutobangte enzing leh ngaahlahtah gingta a, a um laiun, tunglam a silte ah a kinem va, hahsatna chinteng a thuaah va, huleh A deihzawng suhbuching a sawm uhi.

Thudih, hoihna, lungsiatna, huleh a dangdang Bible kigialte juite A lungsiatna chetna taahlatna diingin, Pathian vaah hipa'n A silbawltheihna chu silpiaah bangin A piaah hi. Huleh Ama'n vaah a pai tumte muh leh dawn diing A ngaahlah mahmah hi.

Hujiahin, nang leh nang na kihawldoh a huleh na lungtang na bohkeeh leh, Pathian gualzawlna leh dawnna tang diing deih nang chu A mai a beel kigingkhawl na hung hih a huleh Pathian silbawltheihna na hung tuaahkha chu i Lalpa Jesu Khrist min a ka haamteina ahi!

Thusoi 6
Mittaw Mitte Ahung Kihong Diing

Johan 9:32-33

*Khovel um tuunga kipan
koima'n mittaw-a piang mit
asuhvaahsah chih akija ngei sih.
Hipa Pathian a hung kuan
ahihlouh inchu bangma a bawl,
thei sih diing.*

Silbawlte 2:22 ah, Jesu nungjui Peter in, Hagau Siangthou a tan zoh in, Zawlnei Joel kamteng soisawn in Judate kawm ah thu a soi hi. "Nanguh Israel mite, hi thute ngaiun, Nazareth Jesu chu Pathian in Amah zang a na lah va, silmahte, silloupite leh chiamtehnate a bawlte apat in Pathian mi deih ahi chih ahesah a, huchu nangun zong na he uhi." Jesu silbawltheihna, chiamchihna, leh silmahte latsah thupitahte chu Jesu Judate'n a kilhbeh chu Thuhun Lui a ahung diing ana kisoilawh Messiah ngei heetpihna chetnate ahi.

Huban ah, Peter ngei chu Hagau Siangthou a tan nung leh a suhaat nung a Pathian silbawltheihna taahlang diinga hung ahi. Khutdoh keengbai khat a sudam hi (Silbawlte 3:8), huleh mite'n lampi ah damloute ahung pui va huleh lupna leh pheeh tung ah a sial va huchia Peter ahung pai a, a tung va a liim in a tung va ahung liahkha theihna diing (Silbawlte 5:15).

Silbawltheihna chu mikhat silbawltheihna langsah toh Pathian a umkhawm chih phuanna lehkhathem tobang ahih jiah leh gingloute lungtang a ginna tang chituhna diinga lampi muanhuaipen ahihjiahin, Pathian in chin A sahte kawm ah A piaah hi.

Jesu'n A Pian a kipat Mittaw A Sudam

Johan 9 tangthu chu Jesu toh a pian apat a mittaw A lampi paina a, a kituaahna uh ahi. Jesu nungjuite'n bang achia mittawpa a pian apat a khua mu lou ahiai chih a he ut uhi. "Rabbi, koi sualna, hih mipa ahihlouhleh a nulepate sual jiah ahi, hipa mittaw a, a pian?" (c. 2). A dawnna in, Jesu'n a kawm vah mipa chu a pian apat a mittaw ahi ajiahchu a hinkhua a Pathian natoh a kilat theihna diing ahi chiin A hilhchian hi (c.3). Huchiangin Ama'n tual ah chil A sia a, mipa mit ah A taat a, mittawpa thu hichiin A pia hi, "Chiah inla, Siloam diil ah va kidiah in" (c. 6-7). Mipa'n thu a mang ngal a huleh Siloam Diil ah a va kidiah a, a mitte ahung vaah hi.

Bible ah Jesu A suhdam mi tampi a um vangun, hih a pian apat a mittawpa'n a dang tengteng toh a kibatlouhna khat a bawldoh hi. Mipa'n Jesu kawm ah sudam diingin a ngen sih hi; husangin, mipa kawm ah Jesu ahung pai A sudam hi.

Huchi ahihleh bang diinga hih a pian apat a mittaw in huchituha khotuahna dong ahiai?

Khatna, mipa chu a thumang hi.

Minautaang khat a diingin, Jesu A bawl – tual a, A chil a siat, buainawi a bawl, mittawpa mit a, A taat a, huleh chiah a Siloam Diil a va kisil diinga A hilh – bangmah umze nei a um sih hi. Khoni heetna in hutobang mikhat chu a mit a buan nuh a huleh tui a va kisil nung a, a pian apat a mittaw khat ahung kihong diing chu a gintaat theih sih hi. Huban ah, hih mipa'n Jesu koi ahih he lou in hih thupiaah zaleh, amah leh mi tamzote'n a gintaatlouh chauh uh hilou in, himahleh a lungthah ngeingei diing uhi. Ahinlah, hih mipa a diingin hichibang ahi sih hi. Jesu thu A piaah bangin, mipa'n a mang huleh a mit chu Siloam Diil ah a va sil hi. A tawpna leh limdangtahin, a mitte a pian apat a khomu lou chu, tuin a khatveina a diingin ahung kihong a huleh khua ahung mu thei hi.

Pathian thu chu mihing khoni heetna ahihlouhleh siltuaah toh kituaahlou a na ngaihtuah leh, A thu chu hih pian apat a mittawpa bangin lungtang kingaingiam toh man sawm in. Huchiin, Pathian khotuahna na tung ah ahung tung diinga huleh, mittawpa mit ahung kihong bangin, siltuaah limdangtahte na tuaah diing hi.

Nihna, mihingte sunglam a mittaw hagaulam mit, thudihlou apat thudih khen thei, hon ahi.

Suhdam ahih nung a Judate toh a kihoulimna vapat in, mittawpa mit tahsalam a khaah ahih laiin, lungtang a hoihna ah a dihlou apat in a dih a khen thei hi chih i soi thei uhi. A lehlam ah, Judate chu hagaulam a mittaw ahi va, daan gamgi khauhtah a kikhaahkhum ahi uhi. Judate'n a kisuhdamna a bukim a dot chiangin, ana mittawpa'n hangsantahin hichiin a dawng hi, "Jesu kichi mi khatin tungman a bawla, ka mit ahung nuhsah a, huleh ka kawm ah, Siloam diilah chiah inla, vasil in, ahungchi a. Huchiin ka chiah a, ka sil a, huleh ka muthei ta hi" (c.11).

Gingta lou in, Judate'n ana mittawpa a vialdot chiangun, "Amah toh kisai bang na chi soi ei, na mit hung suhdamsah ahih chiangleh?" mipa'n hichiin a dawng hi, "Amah chu zawlnei ahi" (v.17). Mipa'n chu Jesu chu mittaw sudam thei khop a silbawltheihna nei ahihleh, amah chu Pathian a mi ahi diing chiin a ngaihtuah hi. Gintaathuailoutahin, Judate'n mipa a tai va, "Pathian paahtawi in. Hih mipa chu misual ahi chih ka he uhi," (c.24) a chi uhi.

Hikhu chu bangchituha sil kituaahlou ahiaimah? Pathian in misualte haamteina A dawng sih hi. Huleh misual kawm ah mittaw mit honna diing leh paahtawina tanna diingin silbawltheihna a pe sih hi. Judate'n hikhu gingta thei lou leh hesiam thei lou um mahleh uh, mittawpa'n kiphuanna hangsan leh dihtah a petou jel hi: "Pathian in misualte thu angaikhe ngei sih chih i he uh; hizongleh mi koipouh Pathian ngaihsaha, a deihzawng bawl chu Pathian in angaikhe veu hi. Khovel um tuunga kipan koima'n mittaw-a piang mit a suhvaahsah chih a kiza ngei sih "Hipa Pathian a hung kuan ahihlouh inchu bangma a bawl, thei sih diing" (c. 31-33).

Silsiam hun a kipat in koimah mittaw mit chu a kihongkha ngei nai sih hi, hitobang tanchin zakha photmah chu a nuam va huleh a lop diing uh ahi. Huchih naahsangin, Judate lah ah thutankhumna, mohpaihna, leh huatna a um hi. Judate hagaulam a, a ngol beehseeh jiahun, Pathian natoh ngei chu Amah douna natohna hi in a ngaihtuah uhi. Bible in hichiin ahung hilh hi, Pathian chauh in mittawte mit A hong thei hi.

Psalm 146:8 in hichiin ahung hesahthah hi, "Lalpa'n mittawte mit asuhvaahsah a; Lalpa'n kuun kheukheute akaai tanga; Lalpa'n midihtatte alungsiat hi," huleh Isaiah 29:18 in hichiin ahung hilh hi, "Hu niin bilngongte'n lehkhabu thu a za diing va, huleh mittote mitin mial nuai leh mial lahapat in a muta diing uhi." Isaiah 35:5 in zong hichiin ahung hilh hi, "Hu hun chiangin mittote mit suhvaahin a um diinga, huleh bilngongte bil suhvangin a um diing." Hitah ah, "Hun hun chiangin" leh "Huchiangin" kichi in Jesu hung a huleh mittaw mitte a honna hun diing a soi hi.

Hih changte leh hung hesahkiittu in, a gamgi khauhtah leh giitlouhna jiahun, Judate'n Jesu tungtawn a kilang Pathian natohna a gingta thei sih va, huleh huchih sangin Jesu chu misual Pathian thu mang lou chiin a ngoh uhi. Mittaw khat in daan toh kisai heetna tampi nei sih mahleh, a sialepha heetna hoih ah thudih a he hi: chiin Pathian in misualte thusoi A ngaikhe sih hi. Huh mi in zong Pathian chauh in mittaw A sudam thei chih a he hi.

Thumna, Pathian khotuahna tan zoh in, mittawpa chu Lalpa mai ah ahung pai a huleh hinkho thah a, a buching a hing diingin thupuuhna a nei hi.

Tuni chiang ah, Manmin Central Church ah sihna kotkhaah bul a ding mihing simseenglouhte'n a hinkhua va buaina a tuaahte uh douna diing thahatna leh dawnna a muh uh ka mu hi. Pathian khotuahna a tan nung a hinkhua uh hung kihengte leh midang a ginna uh nusia a huleh khovel lam a kiihkiitte jiahin ka dahna mittui a luang hi. A hinkhua uh natna leh gimthuaahna thuaah a, a um chiangun, hutobang mite chu mittui luang in ahung va, "Suhdam ka hih chiangin Lalpa a diingin ka hing zing

"Nu,
mit a mialsah mahmah...
a khatveina a diingin,
vaah ka mu...
hikhu ka tunga hung tung diingin
ka ngaihtuah thei sih..."

Jennifer Rodriguez Philippines a um,
a pian apat a mittaw,
kum sungin a khatveina diingin ahung mu thei

diing." Suhdamna leh gualzawlna a tan chiangun, amau lawhna diing hawl in hih mite'n khotuahna a nusia va huleh thudih apat in a peetmang uhi. A tahsalam buaina uh suhveng himahleh, hikhu a phatuam sih hi ajiahchu a hagaute uh hutdamna lampi toh a kikhen a huleh meidiil lampi ah a pai uhi.

Hih mi a pian apat a mittawpa'n lungtanghoih khotuahna taisan ngei lou diing a nei hi. Hujiahin Jesu toh a kituaah chiangun, a mittawtna chauh suhdam hilou in hizongleh hutdamna gualzawlna zong chiam in a um hi. Jesu'n, "Mihing Tapa ah na gingta ei?" chia A dot chiangin, mipa'n "Amah koi ahiai, Lalpa, huchia ka gintaat diing" (c. 35-36), chiin a dawng hi. Jesu'n, "Amah na muta a, huleh nang toh kihou chu Amah ahi," chia A dawn chiangin, mipa'n "Lalpa, ka gingta (c.37-38)" chiin a dawng hi. Mipa'n a mawh in a "gingta" sih hi; Jesu chu Khrist bangin a sang hi. Mipa kiphuanna dettah chu Lalpa chauh juihna diing leh Lalpa chauh a diinga hin diing chia a thupuuhna ahi.

Pathian in eite zousiah Amah mai a hitobang lungtang hung diingin ahung deih hi. Ama'n i natnate ahung suhdam a huleh ahung gualzawl chauh jiah chauh a Amah hawl diingin ahung deih ahi sih hi. A lungsiatna dihtah iitlou keei a A Tapa tangkhat neihsun eite a diinga ahung piaahna hesiam diing leh Jesu chu i

"Hu mun ah ka lungtang ahung pui…

Khotuahna ka lunggulh ahi…

Pathian in silpiaah lianpi ahung piaah hi.
Pathian hing ka mu chih
thudih khu
mu sangin
bangin ahung kipaahsahzaw diai!"

Maria Honduras a um,
kum nih ahihlaia
a mit ziatlam khomuhna mansuah,
Dr. Jaerock Lee apat
haamteina a don zoh a khua hung mu

Hundampa va pom diingin ahung deih hi. Huban ah, Amah chu i muuh chauh utoh lungsiat lou a himahleh Pathian thu sepdohna toh lungsiat diingin ahung deih hi. 1 Johan 5:3 ah hichiin ahung hilh hi, "Bangjiahin ahiai ichihleh, Pathian i lungsiatna u'chu a thupiaahte i juih uh ahi; huleh a thupiaahte chu akhauh sih hi." Pathian i lungsiat tahtah va ahihleh, silbangkim i sung a gilou um zousiah i paihmang va huleh niteng a vaah a pai diing uh ahi.

Pathian kawm a hitobang ginna leh lungsiatna toh sil khatpouhpouh i nget chiangin, bangchiin Ama'n ahung dawng lou diaimah? Matthai 7:11 ah, Jesu ahung chiam bangin, "Huchi ahihleh, nanguh migilouin bawn na tate uh sit hoih piahna taang na heet unchu, na Pa uh vaana umin a kawm a ngeente sil hoih petham lou diing ahiai mah!" Pa Pathian in A ta deihtahte haamteina A dawng diing chih gingta in.

Hujiahin, Pathian mai ah bangtobang natna ahihlouhleh buaina toh na hung pai chih in thu a po sih hi. "Lalpa, ka gingta!" chih kiphuanna na lungtang lailungpen apat hung pawtdoh toh, ginna natoh na latsah chiangin, Lalpa a pian apat a mittaw sudampa'n na natna photmah ahung sudam diinga, sil hitheilou chu hithei in A bawl diinga, huleh na hinkhua a buainate zousiah ahung suhvengsah diing hi.

"Doctorte'n mittaw ka hung hipah diing... silte ahung mual diing chin ahung hilh..

Kipaah ing, Lalpa, vaah na hung piaah jiahin...

Nang ka hung ngaah zing hi...."

Rev. Ricardo Morales Honduras a um, mittaw hung hi dehtah tuahsia a tuaah nung a khua hung mu

Manmin Central Church ah Mittaw Mitte A Honna Natoh

1982 a, a kiphuhdoh apat in, Manmin in mittaw simseenglouhte mit kihonna natohna tungtawn in Pathian thupitaha paahtawi in a um hi. Mi tampi a pian vapat a mittawte'n haamteisahna zoh in khua ahung mu thei uhi. Midang tampite khomuhna buai huleh mitphawhte a kinga tampite khomuhna suhhoihsah in a um hi. Mi tampite lah ah, heetpihna limdangtah tampi a um a, a nuai a te chu etsahna ahi.

Honduras a A Kigawm Chialpina Thupi (Great United Crusade), July 2002 a ka bawl laiin, kum sawmlehnih a upa numei naupang Maria chu kum nih ahih a khosihpii jiaha a ziatlam mit khua mu nawn lou khat a um hi. A nulepate'n a khomuhna hung hoih kiitna diingin a phatuam lou in tampivei pan ana la uhi. A mit nasan a kiat a hizongleh Maria in a phattuampih sih hi. A nung kum sawm zoh in Maria a mit ziatlam toh vaah nasan a mu sih hi.

Huin 2002 kum in, Pathian khotuahna lunggulhna liantah toh, Maria chu ka haamteina a donna mun chialpina ah ahung tel a, vaah ahung mu thei a, huleh a khomuhna chu kintahin a hung hoihkiit hi. A mit ziatlam a thaguizamte a lohsamsa leh sisate chu Pathian silbawltheihna vangin ahung kisiamthah veh hi. Hichu bangchituha mah ahiai? Honduras a mipi simseenglouhte'n hikhu a kipaahpih va huleh "Pathian chu A hing a huleh tuni nasan in na A tong hi," chiin a kikou uhi.

Pastor Ricardo Morales mittaw in a um dehtah a hizongleh Muan tui hum jalin a veh a suhdam in a um hi. Honduras Chialpi ma kum sagih paita ah, Pastor Ricardo chu gari a accidentna ah a mittang chu nasataha suhsiatin a um a huleh nasataha sisan pawt in a um hi. Daktorte'n Pastor Ricarda kawm ah a khomuhna awlawl in a mangsah diinga huleh a mit ahung taw diing a chi uhi. Ahinlah, amah chu Honduras a Kouhtuam Lamkaite diinga Kikhopna 2002 a nikhatna in suhdam in a um hi. Pathian thu a zaah zoh in, ginna in Pastor Ricardo in Muan tui hum a mit ah a koih a huleh a limdangsatahin, silte chu a minit hal in ahung chiang deuhdeuh hi. A tuungin, hitobang sil ana lamet louh ahi a, Pastor Ricardo in a gingta sih hi. Huh nitaah in, a mitphawhte bulh in, Pastor Ricardo in chialpina a hunseh khat ah a tel hi. Huchiin, thakhat in, a mitphawh a limlang ahung kiaah a huleh Hagau Siangthou aw a za hi: "Na mitphawh tua na laahdoh louhleh, na mit a taw diing hi." Pastor Ricardo in huin a mitphawh a lakhia a huleh silbangkim chiantahin a mu thei hi. A khomuhna ahung hoih a, huleh

Pastor Ricardoh in nasatahin Pathian a paahtawi hi.

Kenya a Nairobi Manmin Kouhtuam ah, tangval khat Kombo kichi in a khua uh a va veh a, huchu biaahinn apat km 400 (meel 250 vel) ahi. A va veh laiin, a innkuanpihte kawm ah tanchinhoih a thehdalh a huleh Pathian silbawltheihna natoh limdangtah Seoul a Manmin Central Church ah a tung chih a hilh hi. Amah uh diingin ama'n ka haamteikhumsa rumal toh a thumsah hi. Kombo in zong kouhtuamte'n 'calendar' a sut uh a inkote a piaah hi.

A tupa in tanchinhoih a thehdalh a muh in, Kombo pi, mittaw a um in, a lungsim a deihna liantah toh, 'Dr. Jaerock Lee limlaah ka mu ut hi,' a chi a, huchiin calendar chu a khut in a tawi hi. A ban a siltung chu a limdang tahzet hi. Kombo pi in calendar a pheet toh kiton in, a mit ahung kihong a huleh limlaah a mu thei hi. Halleluijah! Kombo innkuante'n a peetpeet in silbawltheihna natoh mittawte mit hong ahung mu a huleh Pathian hing ah ahung gingta hi. Huban ah, hih siltung chu khosung zousiah a ahung kithang chiangin, mite'n kouhtuam kahiang chu a khua va phutkhe diingin a ngen uhi.

Khovel pumpi a silbawltheihna natoh simseenglouhte tungtawn in, tuin khovel ah Manmin kouhtuam kahiang a sanga sim a um a, huleh siangthouna tanchinhoih chu tun in leitung gamningkawi tan ah a kisoita hi. Pathian silbawltheihna natoh phawh leh gingta a na um chiangin, A gualzawlna gou luahtu na hung hithei hi.

Jesu hun laia siltung bangin, Pathian a nuamkhawm leh paahna piaahkhawm sangin, mi tampite'n tuni in vai a hawmkhum va, a mohpaih va, huleh Hagau Siangthou natoh kalh in a haam uhi. Hikhu chu sualna lauhhuaitah ahi chih i heetdoh diing uh ahi, Jesu'n kichiantaha Matthai 12:31-32 a hichia ahung hilh bangin, "Hujiahin ka hung hilh ahi, Mi a sualna zousiah u'leh Pathian a soisiatna zousiah vah ngaihdam ahi diinga; Hizongleh Hagau Siangthou soisiatna chu ngaihdam ahi sih diing." Huleh koipouh mihing Tapa kalh chu, akalhna uh ngaihdamsah ahi diinga, Hizongleh koipouh Hagau Siangthou kalh chu, a kalhna uh hi khovel ah zong, huleh khovel hung um kiit diing ah zong ngaihdamsah ahi sih diing hi."

Hagau Siangthou natoh daal louha himahleh husanga Pathian silbawltheihna natoh limdangtah muhna diingin, A natoh i phawh va huleh i lunggulh diing ahi, Johan 9 a mittawpa banga. Mittaw bangzahta a amau leh amau ginna dawnna muhna diinga beel banga kisakhawl ahi uh chih dungjuiin, khenkhatte'n Pathian silbawltheihna natoh chu a dangte'n a muh louh laiun a mu diing uhi.

Psalm 18:25-26 hichia ahung hilh bangin, "Mi khotuahsiamte kawm ah khotuahsiamin na kilang diinga, midihte kawm ah dihin na kilang diing hi. Mi siangthoute kawm ah siangthouin na kilang diinga; huleh misoihahte kawm ah soihahin na kilang diing hi," koipouh in na natoh leh ginna natoh kilatsahna dungjuia lawmman hung petu Pathian gintaatna tungtawn in, A gualzawlna gouluahtu hung hi diingin, i Lalpa Jesu Khrist min in ka haamtei hi!

Thusoi 7

Mite Ahung Dingdoh un, Kitawm un, huleh A Pai Diing uh

Mark 2:3-12

*Huleh mizeng khat mi li in hung
zawngin a kawm ah ahung puuiva.
4 Huleh mitam jiaha a kawm naai a
ahung theihlouh tahun a umna inn tung ahongva;
huleh apheetvang johun,
mi zeng chu a lupna toh akhaikhesuh uhi.
Jesu'n a gindaan uh amuhin mi zeng kawm ah,
Tapa, na sualnate ngaihdam ahita, achi a.
6 Hizongleh lehkhagialtute khenkhat
hu muna tou a umva, a lungsimun,
Bangdiinga hi pa'n Pathian soisia-a hichibang thu asoi ahiai?
Pathian chauh loungaal koi ahiai sualnate ngaidam thei?
chiin a ngaihtuah uhi.
8 Huleh Jesu'n a lungtangun huchibangin a
ngaihtuah uh chih a lungsimin ana he pah-a, a kawm vah,
Bangdiinga hi thute na lungtangva ngaihtuah na hi viai?
Mi zeng kawm a, Na sualnate ngaihdam ahita,
chih leh, Thou inla na lupna la inla,
keengin chiah tain, chih khoi abaihlam zaw ei?
Akhoi hitaleh mihing Tapa'n leitung ah sualnate
ngaihdam theihna, anei chih na heet nadiing un, (mi zeng kawm ah),
Thou inla, na lupna la inla, na inn lamah chiah tain ka hung chi ahi,
achi a.
Huleh amah chu athou pah-a,
a lupna lain abawnva mitmuh ah achiahdoh ta hi;
huchiin abawnun limdang asava,
Hichibang mawng mawng i mu ngei sih,
chiin Pathian a paahtawi uhi*

Bible in Jesu hun laiin, zeng ahihlouhleh keengbai tampi suhdamna bukim tang leh nasataha Pathian paahtawina piaah toh kisai ahung hilh hi. Isaiah 35:6 a Pathian in ahung chiam, "Huchiangin keengbaite sakhi bangin akidiang diing va, haamtheiloute leiin la asata diing: ajiahchu gamdaai ah tui ahung puuldoh diinga, gamgo ah luuite aiuang diing hi," bangin huleh Isaiah 49:8 a, "Hun kipaahhuai ah ka hung ngaikhia a, hutdamna ni ah ka hung panpih hi: ka hung hawi diinga lei sukip diingin, gouluah nuutsiatsa luahsah diingin mipite thuhun diingin ka hung pe diing hi," a ahung chiam kiit bangin, Pathian in ahung dawng diing chauh hilou in hutdam ah ahung puitung diing hi.

Hikhu chu Manmin Central Church, Pathian silbawtheihna natoh limdang damlou simseenglouhte pai a, kitawlna touna apat thoudoh in huleh a chiangphuh uh paiha a umna uh tungtawn a tuni in tawplou a latsahin a um hi.

Ginna bangtobang toh Mark 2 a mizeng chu Jesu mai a hung a huleh hutdamna leh gualzawlna dawnna hung tang ahiai? Noute tu a damlouhna khenkhat jiaha pai thei loute na hung dingdoh va, pai a, huleh na hung tai kiitna diingun ka haamtei hi.

Mizeng in Jesu thu Ana Za

Mark 2 ah mizeng Jesu'n Caperna um A veh laia Amah apat damna tang khat tanchin a kim in a kigial hi. Huh khopi ah mizeng zawng mahmah midangte kithuahpihna tel lou a tou zou lou, huleh a sih theih louh man meimei a hing hamham a um hi. Ahihvangin, Jesu mittaw khat mit honsahtu, keengbaite dingsah, hagau giloute delhdoh huleh natna chi tuamtuam sudamtu thu ana za hi. Hu mipa'n lungtang hoih a neih jiahin, Jesu toh kisai a zaah in, ama'n a hedoh zing a huleh Jesu toh kimuhna diing lunggulhna liantah nei in ahung um hi.

Nikhat, mizengpa'n Jesu chu Caperna um ah ahung chih ana xza hi. Amah chu Jesu mu diing ahihna ngaahlahtahin um in bangchituha thanuam leh kipaah a um diing ahiai? Mizengpa chu, bangteng hileh, amah in a taang thei sih a, huleh Jesu kawm a pui diing a lawm diing a a hawl hi. Vangphathuaitahin, a lawmte Jesu tungtaang ana he ngen ahi va, a lawmpa uh panpih diing a ut uhi.

Mizeng leh a Lawmte Jesu Mai ah Ahung uh

Mizeng leh a lawmte chu Jesu'n thu ana soina in ah ahung va, hizongleh hutah ah mi hunkhoppi ana kikhawm va, kot gei ah munawng a muzou sih va, a innsung a luut mahleh. Mizeng leh a lawmte chu a dinmun in Jesu naih a ahung diing uh a phal sih hi. Mipite kawm ah, "Kikhiin un! Damlou gim mahmah khat ka nei uhi!" chiin ana ngen maithei uhi. Ahihvangin lah inn leh a kiim zousiah mipi in a dim hi. Mizeng leh a lawmte'n ginna ana tasam hileh uh, Jesu toh kimu lou in inn ah a kilehkiit maithei uhi.

Himahleh, a tawp mei sih va huh sangin a ginna uh a langsah uhi. Jesu toh bangchih muh diing chih a ngaihtuah nung un, chihmoh donghuhna in mizengpa lawmte'n Jesu umna zawn tung a pheet hong uhi. Inn neitupa kawm ah ngaihsiam ana ngen in huleh a khonung chianga a suhsiat man uh pe kiit diing hizongleh uh mizeng leh a lawmte chu Jesu muh tum tinten in leh suhdamna tan a sawm hamham uhi.

Ginna chu natoh toh a kijui hi, huleh ginna natohte chu kingaihngiamna lungtang toh ka kikoihngiam chiangin a kilatsah theih hi. "Ut zongleng, ka tahsa umdan in ka biaahinn kai diing ahung phalsah sih hi," chiin na ngaihtuah ahihlouhleh nang leh nang na kihou ngei ei? Mizeng in a za a sim, "Lalpa, a zeng ka hih jiahin nang mu diingin ka hung thei sih chih na he chih ka gingta hi. Huleh ka lupna tung ah lum zongleng na hung sudam thei chih ka gingta hi," chiin ana phuangdoh taleh, amah chu a ginna a langsah a kichi thei sih diing hi.

Amah a diingin bangzah liauna diing hizongleh, mizeng chu suhdamna tang diingin Jesu mai ah a va chiah hi. Mizeng in Jesu a muh chiangin suhdam ahi diing chih gingta leh kimuang mahmah in a um a, huchiin a lawmte Jesu kawm chiang potung diingin a ngen hi. Huban ah, a lawmte zong ginna a nei va, huchiin meel heet louh khat inn tung phet vang in a lawm uh mizeng na a tohsah thei uhi.

Pathian mai ah suhdam na hi diing chih na gintaat tahzet leh, Amah mai a na hung chu na ginna chetna ahi. Hujiahin inn tung a suhvang nungun, mizengpa lawmte'n mizeng lupna pheeh chu a khai ngiamsuh va huleh Jesu mai ah a koihsuh uhi. Hulaiin, Israel a inntungte chu a zaang ahi a huleh inntung kalna diing in inn ning ah kalbi mite baihlamtaha kaltouhna diing a um hi. Huban ah, inntung khuhna chu baihlamtahin a laahdoh theih hi. Hitobang mun in mizeng chu Jesu toh midang teng sanga kinaihzaw a paitheihna a siamsah hi.

Sual Buaina I Suhveng Zoh Chiangin Dawnna I Mu Thei Hi

Mark 2:5 ah, Jesu chu mizeng ginna natohte toh chiantahin

A kipaah hi chih i mu uhi. Mizeng A suhdam ma a, bang diinga Jesu'n, "Tapa, na sualna ngaihdam ahi," chi ahiai? Hikhu jiah chu sualnate ngaihdamna chu suhdamna ma a, a pai diing ahi.

Pawtdohbu 15:26 ah, Pathian in hichiin ahung hilh hi, "LALPA na Pathian uh aw nguntaha na ngaihkhiaahva, a mitmuha sildih na bawl va, a thupiaahte-a bil na dohva, huleh a thuguatte na juih u'leh Aiguptate tunga ka hung tut hi natnate na tungvah ka koih sih diing hi: ajiahchu Kei, nang hung sudamtu LALPA ka hi." Hitah ah, "Aiguptate tunga ka hung tut hi natnate" kichi in mihingte laha kihe natna chinteng a kawh hi. Hujiahin, A thupiaahte i juih a huleh A Thu dungjui a i hin leh, Pathian in ahung veengbit diinga huchiin natna bangmah in ahung man thei sih diing hi. Huban ah, Daanpiaahkiitbu 28 ah Pathian in hichiin ahung chiam hi, A Thu i man huleh huh dungjui a i hin leh, natna khatbeeh in zong i sapum ahung jel thei sih diing hi. Johan 5 ah, kum sawmthum leh giat damlou suhdam ahih nung in, Jesu'n a kawm ah hichiin A chi hi, "Sual nawn sin, huchiin na tung ah khawhzaw ahung tun louhna diingin" (c.14).

Sualna apat hung kipan natna zousiah a diingin, mizeng A suhdam ma in Jesu ngaihdamna A pe masa hi. Jesu ma a pai in, bangteng hileh, ngaihdamna a tut gige sih hi. Suhdamna muhna diingin, i sualnate i kisiih masat va huleh hute apat a i kiheimang uh a poimoh hi. Misual na hih leh, sual nawn lou mikhat na hung hih diing ahi; zuau soi mi na hih leh, zuau soi nawn lou mikhat na hung hih diing; huleh midang nana huat leh, na huat nawn louh diing ahi. Thu mangte kawm chauh ah Pathian in ngaihdamna A piaah hi. Huban ah, "Ka gingta" chia kiphuanna in ngaihdamna ahung pe sih a; vaah a na hung pawtdoh chiangin, i Lalpa sisan in i sualnate zousiah apat in ahung silsiang mai diing hi (1 Johan 1:7).

Mizeng chu Pathian Silbawltheihna ah a Pai

Mark 2 ah, ngaihdamna a tan zoh chiangin, mizeng hung thoudoh in, a pheeh a la a huleh hutah a mi zousiah mitmuh in a paidoh chih i mu uhi. Jesu kawm a ahung chiangin, pheeh tung ah a lum hi. Mipa chu, a bang hileh, Jesu'n a kawm a, "Tapa, na sualnate ngaihdam ahi," (c.5) a chih chiangin, suhdam ahi. Suhdamna tung a kipaah sangun, a bang hileh, daan houtute chu kinial in a buaizaw uhi. Jesu mipa kawm a, "Tapa, na sualnate ngaihdam ahi," A chih laiin, hichiin a kingaihtuah uhi, "Bangdiinga hi pa'n Pathian soisia-a hichibang thu asoi ahiai? Pathian chauh loungaal koi ahiai sualnate ngaidam thei?"(c.7)

Huin Jesu'n hichiin a kawm vah A soi hi, "Huleh Jesu'n a

lungtangun huchibangin a ngaihtuah uh chih a lungsimin ana he pah-a, a kawm vah, Bangdiinga hi thute na lungtangva ngaihtuah na hi viai? Mi zeng kawm a, Na sualnate ngaihdam ahita, chih leh, Thou inla na lupna la inla, keengin chiah tain, chih khoi abaihlam zaw ei? Akhoi hitaleh mihing Tapa'n leitung ah sualnate ngaihdam theihna, anei chih na heet nadiing un" (c. 8-10). Pathian silphatuam bawlsah a heetsiamsah nung in, Jesu mizeng kawm a hichia A chih chiangin, "Ka hung hilh ahi, thoudoh inla, na puanphah la inla inn ah chiah in," (c.11) mipa chu kintahin a thou a, a pai hi. Soidan tuam in, mikhat ana zeng a diinga suhdamna muh diing chih in ngaihdamna a tang chih a kawh a, huleh Pathian in Jesu thusoi photmah A phatsahpih chih ahi. Hikhu ah zong bangkim bawl thei Pathian in Jesu mihing Hundampa ahihna A phatsahpih chih chetna ahi.

Thohdohna, Kitawmna, leh Paina Siltungte

Johan 14:11ah, Jeu'n hichiin eite ahung hilh hi, "Kei Pa ah ka uma, huleh Pa kei ah a um chih hung gingta un; ahihlouhleh silbawlte jiah beehin hung gingta un." Hujiahin, mizeng Jesu mai a ginna toh hung chu Jesu thupiaah in ngaihdam, thoudohtou, kitawm leh pai ahi chih heetpihna toh Pa Pathian leh Jesu chu khat leh A kibang ahi uh chih i gintaat diing uh ahi.

A ban Johan 14:12 ah, Jesu'n zong hichiin ahung hilh hi, "Chihtahzetin, chihtahzetin, ka hung hilh ahi, Koipouh kei hung gingta inchu ka silbawlte ama'n zong a bawlve diinga, huleh hite saanga loupi zaw zong a bawl diing, ka Pa kawm a ka chiah diing jiahin." Za laha za Pathian thu ka gintaat dungjuiin, Pathian suaah khat a kouh ka hih nung in A silbawltheihna ka tanna diingin ni tampi anngawl leh haamtei in ka um hi. A tawp in, Manmin ah a kiphuhdoh apat in tulai damdawilam siamna in a khoihmoh natnate suhdamna heetpihnate ahung a let in ahung luangluut hi.

Kouhtuam in a taangpi a soi a gualzawlna sawina a tuaah teng in, damloute'n suhdamna a tanna uh ahung gang semsem a huleh natna khawhsemte suhdam ahi. Kumchin Kal-nih Halhthahna Kikhopna 1993 apat 2004 sung kizang leh khovel pumpi huap a A Kigawm Chialpina Thupite tungtawn zousiah ah, khovel pumpi a mihing tampi mahmahte'n Pathian silbawltheihna limdang a tuaah uhi.

Mite a thohdohtouhna, kitawmna, leh paina siltung simseenglouhte lah ah, hiah etsahna tamlou a um hi.

Touna Keengnei (Wheelchair) a Kum Kuaah Um Nunga Dintouhna

Heetpihna masapen chu Deacon Yoonsup Kim a ahi. May 1990 in, amah chu South Korea a Taedok Science Town a elektrik na tong a, a um laiin innsawng sawng-nga vel apat in a kiaah hi. Hikhu chu Kim in Pathian ahung gintaat ma a siltung ahi.

A kiat zoh phet in, Yoosung, Choongnam Province a Sun Hospital ah puaahtung ahia, hutah ah ha guup sung khohelou in a um hi. Khua ahung phawh chiangin, bang hileh, a zaangguh sawmlehkhatna leh sawmlehnihna natna leh kitan leh a kawngguh lina leh ngana zawn a, a sa kinehtuah chu thuaahzohlouh khop in a na hi. Damdawi inn a daktor in kawm ah a dinmun a lauhthawnghuai chih thu a hilh hi. Damdawi inn dang ah tampivei luutsah ahi. Ahihvangin, a dinmun a bangmah kihenna leh masawnna um lou in, Kim chu poilawngna khawhpen ah um a muh ahi. A kawngbom lah ah, Kim in a zaangguh a diing siih a, a tuam a ngai zing hi. Huban ah, a lup theih louh jiahin tousa a, a ihmut a ngai hi.

Hih hun hahsatah ah, Kim chu tanchinpha hilh ahi a huleh Manmin ah ahung a, hutah ah Khrist a hinkhua ahung pan hi. November 1998 a Pathian Suhdamna diinga Kikhopna Poimoh

"Ka keeng leh kawng
khauhgawp…
ka lungtang khauh…

Ka lum thei sih,
ka pai thei sih…
koi tung ah ka kinga diai?

Koi in kei ahung pom diai?
Bangchiin hinkhua ka zang
diai?"

Deacon Yoonsup Kim
a nunga siih kithuah leh touna keengnei zang

*"Hallelujah!
Pathian chu A hing hi!
Pai thei ka hih na hung mu viai?"*

Deacon Kim chu
Dr. Jaerock Lee haamteina
tungtawn a suhdamna a
tan nung a kipaahtaha
a um lai

a ahung kikhop in, Kim in gintaathuailou silkhat ahung tuaahkha hi. Kikhop ma in a thallup thei sih a ahihlouhleh amah tangin a daileng thei sih hi. Ka haamteisah nung in, a touna keengnei apat in ahung thoudoh a huleh chiangphuh toh a pai hi.

Suhdamna bukim a tan zoh in, Deacon Kim chu biaahna kikhopna leh kimuhkhawmna zousiah ah a tel huleh a haamtei tawp ngei sih hi. Huban ah, May 1999 in, a Sagihveina Kalnih Halhthahna Kikhopna Poimoh a diinga thanopna liantah leh kisahkholna ah, ni sawmnih leh khat anngawl in a um hi. Kikhopna hunseh masapen sunga pulpit apat a damloute a diinga ka haamtei laiin, Deacon Kim in a tunga vaah haattah khat taang in a he a huleh tai a um in muhlawhna a mu hi. Kikhopna kal nihna ah, a tung ka khut nga a huleh amah a diinga ka haamtei chiangin, a tahsa chu zaangzaw in a he hi. Hagau Siangthou meikuang a keeng tunga ahung tuh chiangin, a heet ngei louh thahatna chu a kawm ah piaah in a um hi. A zaangguh-panpihtu siihpeeh leh a chiangphuh a paihkhe thei a, hahsatna um lou keei in a pai a, huleh a kawng chu zalentahin a taangsah hi.

Pathian silbawltheihna jiahin, Deacon Kim chu mi pangai bangin ahung pai thei hi. A cycle nasan a hawl thei a huleh kouhtuam ah ginumtahin a sem hi. Huban ah, hung sawt lou nung in Deacon Kim in zi a nei a huleh tuin kipaahna dihtah hinkhua a zang hi.

Rumal Haamteina Tan Zoha Touna Keengnei apat Thoudoh

Manmin ah, Bible a kigial siltung muhnophuaite leh sillimdang chituamdeuhte a tung hi; hute tungtawn in Pathian chu nasazosem in paahtawi in a um hi. Hutobang siltungte leh sillimdangte lah ah rumalte tungtawn in Pathian silbawltheihna a kilang hi.

Silbawlte 19:11-12 ah, "Huleh Pathian in Paul khutin silmah limdang tahtahte a bawlsah a; Huchiin a sa tunga kipat in kisiahna puante aha teenthuahte aha bang damloute kawm ah ahung tawi va, a natnate uh adam jel a, huleh, a sung va kipat dawite zong a pawt jel uhi." Huchibangin, ka thumkhumsa rumal ahihlouhleh ka tahsa tung apat silkhat pouhpouh mite'n a la va damloute kawm a, a tawi chiangun, suhdamna natoh limdangtah a kilang hi. Huchih jiahin, khovel pumpi a gamte leh mite'n amah uh gamkaih a rumal chialpina nei diing ahung chial uhi. Huban ah, Africa, Pakistan, Indonesia, Philippines, Honduras, Japan, China, Russia leh a dang tampi a gamte apat mite'n zong "sillimdang chituambiihte" a tang uhi.

2001 April in, Manmin pastorte'n Indonesia, mipi simseenglouhte'n suhdamna a tanna uleh Pathian hing a paahtawina uh, rumal chialpina a bawl uhi. Amaute lah ah state governor lui khat, touna keengnei a ana kinga, a tel hi. Rumal haateina tungtawn a suhdam ahih chiangin, hikhu chu tanchinbu a tangthu lianpi ahung suaahpah hi.

May 2003 in, Manmin pastor dangkhat in China ah, suhdamna siltung tampi lah ah, kum sawmthum leh li sung chiangphuh zang mikhat amah leh amah in ahung pai theihna, rumal chialpina a bawl hi.

India a 2002 Limdangtaha Suhdamna Haamteina Gualnop ah Ganesh in A Chiangphuh A Paihkhia

India a 2002 Limdangtaha Suhdamna Haamteina Gualnop, Hindu-tamzawhna India a Chennai a Marina Beach ah, mihing maktaduai thum sanga tamzaw ahung kikhawm va, Pathian silbawltheihna natoh limdang chu a mit ngei un ahung mu va, huleh amaute laha mi tampi Khristian sahkhua ah ahung kihei uhi. Hih chialpi masang in, guh khauhte hung zoina leh thagui

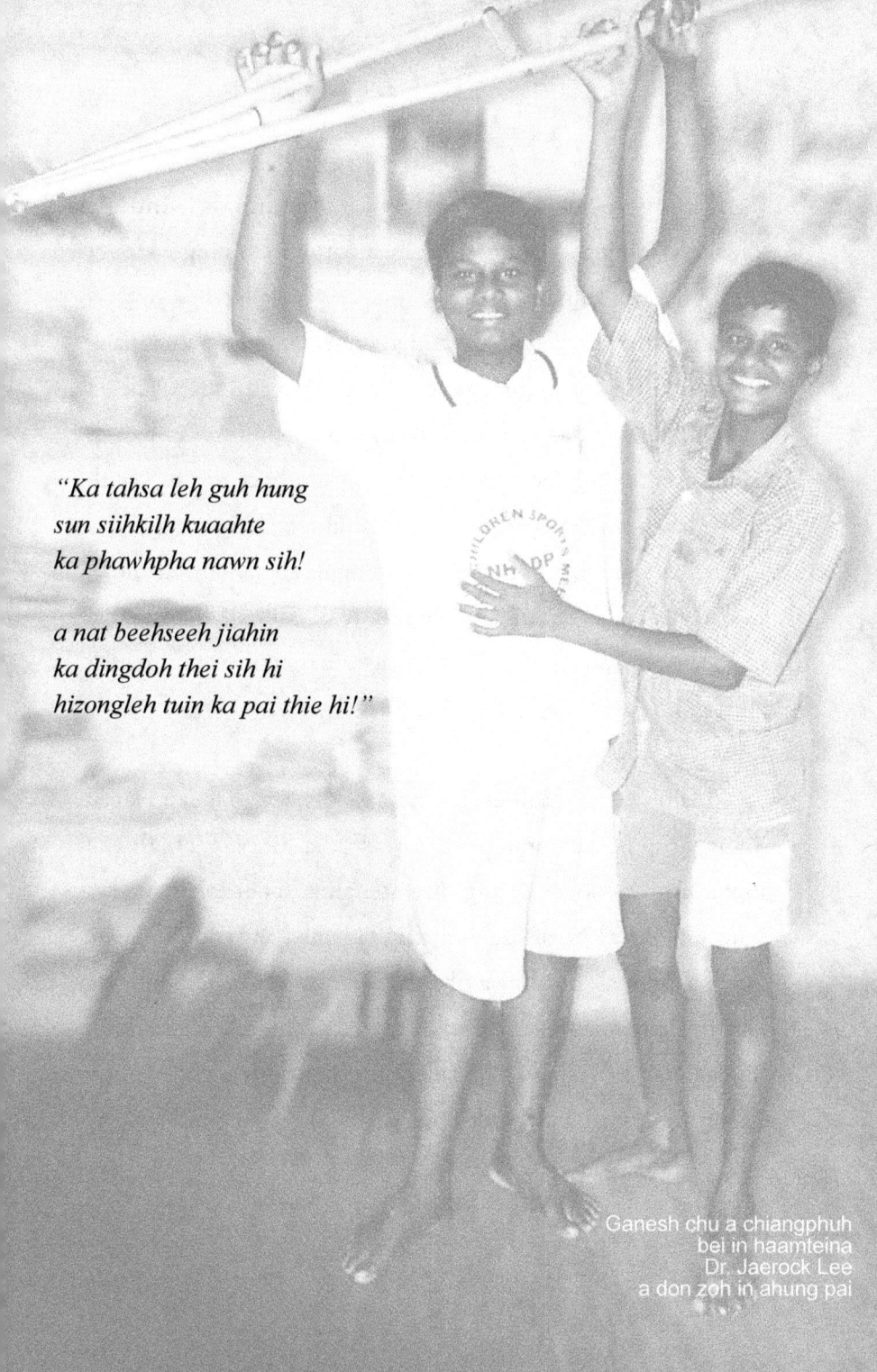

sisah hung hoihtouhna chu a awl pai mahmah i. India a Chialpina a hung kipan in, suhdamna natoh in mihingte sapum paidan tampi a kalh hi.

Suhdamna tangte lah ah kum sawmlehguup a upa naupang khat a min Ganesh kichi a um hi. A cycle apat in a kia a huleh a ziatlam kheelguh a suna hi. Innsunga sunglam dinmun hahsat jiahin hoihtahin a kienkol thei sih hi. Kum khat zoh in, a guh ahung bawh a huleh a khelguh chu laahkhiat teitei ahung ngaita hi. Daktorte'n a malpi guh leh a kheelguh ah siihpeeh a thuah va, huleh siihkilh kuaah in a kilh uhi. A siihkilh kikilhna naah a sah beehseeh jiahin kalbi ah a kal in a kum thei sih a ahihlouhleh chiangphuh zang lou in a pai thei sih hi.

Chialpi thu ana zaah in, Ganesh a va kikhawm a huleh Hagau Siangthou meikuang natoh a va tangkha hi. Ni-li chialpi ni nihna ah, "Damloute a diinga haamteisahna" a tan zoh in a tahsa hung lum puaap in, tuisou beel sung a kikoih banga um a kihe in, huleh a tahsa ah nasahna a phawh nawn sih hi. Taau kidohsang lam ah a chiahpah a huleh suhdam ahihna thu a va soi hi. Huh hun a kipat in, a tahsa ah na sahna a nei nawn sih a, chiangphuh a zang nawn sih a, huleh zalentaha pai leh tai in a um hi.

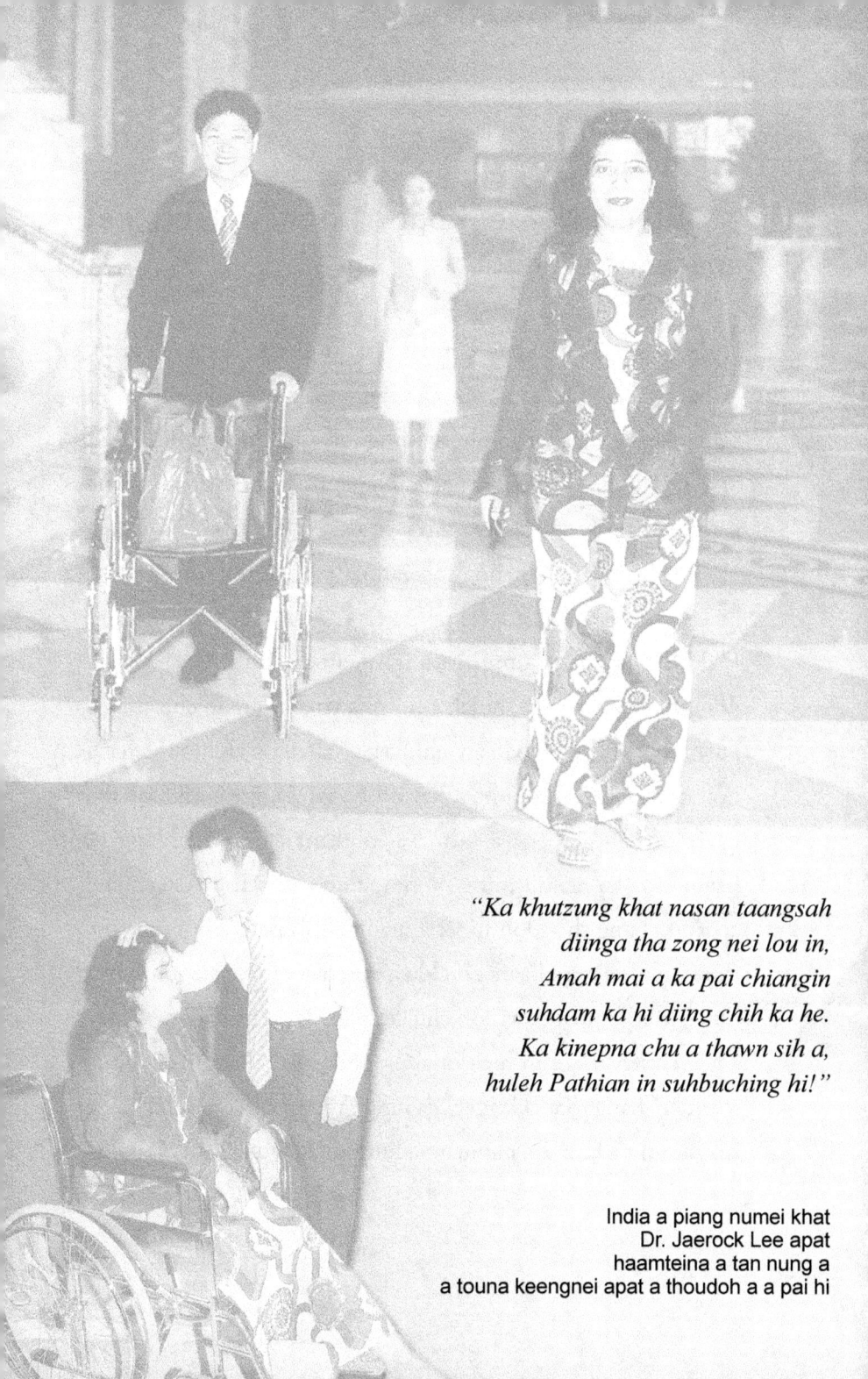

"Ka khutzung khat nasan taangsah
diinga tha zong nei lou in,
Amah mai a ka pai chiangin
suhdam ka hi diing chih ka he.
Ka kinepna chu a thawn sih a,
huleh Pathian in suhbuching hi!"

India a piang numei khat
Dr. Jaerock Lee apat
haamteina a tan nung a
a touna keengnei apat a thoudoh a a pai hi

Dubai a Numei Khat A Tounan Keengnei apat ahung Thoudoh

2003 April a, Dubai, United Arab Emirates a ka um laiin, India a piang numei khat in ka haamteina a don toh kiton in a touna keengnei apat in ahung dingdoh hi. Amah chu United States a lehkha ana sim numei lehkhasiamtah ahi. Mimal buaina jiahin, lungsim natna, gari tuahsiatna nunga a guuh hungpuangdoh leh buaina toh kithuah natna thuaam in a um hi.

Hih numeinu ka muh tuung in, a pai thei sih a, haamna diingin tha a nei sih a, huleh a mitpawh a kiaahsah chu zong a tawm thei sih hi. Huban ah lehkha gelhna diing ahihlouhleh tui nou doptouhna diing tha a nei sih hi. Midangte'n a khoihkha maimai zongleh, na a sah thei mahmah hi. Ahihvangin, haamteina ka neisah nung in, numeinu chu a touna keengnei apat in ahung thoudoh hi. Kei mahmah in zong hih numeinu, minit tamlou ma a haam zou lou a um in, a vanteng kaikhawm a huleh pindan apat pawtdoh chu, limdang ka sa hi.

Jeremiah 29:11 in hichiin ahung hilh hi, " 'Bangjiahin ahiai ichihleh, nang u'lama ka geel ka lungtang ngaihtuahte chu ka he hi, gitlouhna hilouin, hamuanna lungsim, tawpna lamet huaitah nanguh pe diingin,' Lalpa'n achi hi." I Pa Pathian in ahung lungsiat mahmah a huchiin A Tapa tangkhat neihsun iitlou keei in ahung piaah hi.

Hujiahin, tahsa hihtheihlouhna jiaha hinkho lungkhamhuaitaha na hinleh, Pa Pathian a ginna jala hinkho kipaah leh chidam a hin theihna diing kinepna na nei hi. Ama'n A tate koimah hahsatah leh gentheitaha hing a um diing uh A deih sih hi. Huban ah, khovel a michih muanna, nuamna, kipaahna, leh maban kinepna piaah A lunggulh hi.

Mark 2 a mizeng taangthu tungtawn in, na lungtang deihzawng dawnna muhna diing lampi leh neihdan diing na he hi. Koipouh ginna beel hung hi diinga hung kisakhawl in huleh na nget photmah tang diingin, Lalpa Jesu Khrist min in ka haamtei hi!

Thusoi 8

Mite a Nuam un, a Laam un, huleh Lasa in a Um Diing uh

Mark 7:31-37

Huleh Tura leh Sidon gam kual sung apat pawt kiit in,
Dekapoli gam lai tawnsuah peh-in Galili diil ahung tung ta a:
Huleh mi bilngong, haam zong
haamchian theilou khat a kawm ah ahung puui va;
atunga a khut nga diingin angeen va.
Huin ama'n mipi lah-a patin amah apuuituama,
A khutzungin a bil sungte A khoih a,
huin chil asiat a, huleh alei akhoih a;
Huin vaan lam enin ahaaihuaia, a kawm ah,
"Ephphatha," achi a, huchu, "Kihong in," chihna ahi.
Huin a bilte ahung vanga, a leigui akiphela,
huleh siangtahin ahaam thei ta hi.
Huleh ama'n koimah hilh lou diingin amah uh a khap a;
hizongleh a khap naah pouh leh asoi phuang zaw seem uhi.
Huleh soi theihlouh khopin thumah a sa va,
'Ama'n sil zousiah a bawl hoih ta;
bilngong lah khua a zasah a,
huleh haamtheilou lah a haamsahta,' a chi uhi"

Matthai 4:23-24 ah a nuai a bang a gelh i mu hi:

Huleh Jesu chu Galili gam pumpi ah A vaah lehleh-a, a kikhopna inn bang vah thu A hilh a, lalgam tanchinpha soiin, mite lah-a natna chinteng leh damlouhna chinteng A sudam jel hi. Huleh Syria gam pumpi ah a min a thangta a; huleh amah un natna chi tuam tuama damlou zousiah leh dawi matte, sibup veite leh zengte a kawm ah ahung puiva, ama'n ana sudam jel hi.

Jesu'n Pathian thu leh lalgam tanchin hoih a soi chauh hilou in, hizongleh natna tuamtuam thuaah a um mihing simseenglouhte A sudam hi. Mihingte silbawltheihna in bangmah a loh theih louh natnate sudam in, Jesu'n A phuandoh thute chu mite lungtang ah gelh in a um a, huleh amaute chu a ginna uh jalin vaangam ah a pui hi.

Jesu'n Bilngong leh Haamtheilou A Sudam

Mark 7 ah chu Jesu Tura apat Sidon ah, huchiangleh hutah apat Galili Diil ah huleh Decapolis gamkaih a, A zinna, huleh bilngong leh mittaw A suhdamna taangthu a um hi. Mikhat "haam hahsa sa" a ahihleh hukhu chu dangawh leh naaltaha haam theilou chihna ahi. Hitaha mipa chu a nei laia haam diingdan ana zil ahi maithei hi, hizongleh a khonung haamthei lou, huleh tua "haam hasah sa" ahikha thei hi.

A taangpi in, "bilngong haamtheilou" chu haam leh bilngonna jiaha haam diingdan ana zilkha lou ahi, huleh "bradycusia" kichi in khozaah hahsa sa chih a kawh hi. Mikhat bilngong haamtheilou hung hihtheihna jiah tampi a um thei hi. Khatna a kilohsawn ahi. A nihna ah, mikhat a nu 'rubella' (ahihlouhleh "German measles" a kihe) natna nei ahihleh amah chu a pian apat a bilngong haamtheilou ahi thei hi ahihlouhleh a nu a gai lai damdawi dihlou nekha ahi thei hi. A thumna ah, mikhat kum thum kum li ahih laia, naupang haam ahung kisin hun a, lukhingna a muh ahihleh, , mikhat chu bilngong haamtheilou ahi thei hi. Bradycusia toh kisai in, bilngeeh a keeh a ahihleh, khozaahna kithuahpihtu toh a hahsatna a nepsahtheih hi. Khozaahna guite a buai leh, kithuahpihna bangmah a phatuam sih diing hi. A dangte ah mikhat in thawm ging vengvung laha pat ahiai ahihlouhleh kum upat jiahin a khozaahna ahung chauh leh, a damsahna diing a um keei sih hi.

Huban ah, dawimatna jiahin mikhat bilngong ahihlouhleh haamtheilou ahung hi thei hi. Hutobang dinmun ah, mikhat hagaulam thuneihna nei in hagau gilou a nohdoh leh, huh mipa'n kintahin khua hung za in huleh ahung haam thei diing hi. Mark 9:25-27 ah, Jesu'n hagau gilou naupang haam thei lou sung a um A tai chiangin, "Na hagau bilngong leh haamtheilou, amah apat hung pawtdoh a luut nawn lou diingin thu Ka hung piaah hi," hagau gilou in thakhat in naupang a nusia a huleh naupang chu ahung hoih hi.

Pathian in na A toh chiangin, natna leh haatlouhna in buaina ahilouhleh lauhthawngna bangmah ahung tut nawn sih diing chih gingta in. Hujiahin Jeremiah 32:27, "Ngaiin, keichu sa zousiah Pathian, LALPA chu ka hi; Kei adiinga sil hahsa talua a um eimah?" Psalm 100:3 in hichiin ahung sawl hi "Lalpa chu Pathian ahi chih he un; ahung siampa amah ahi a, eimah i hi sih; a mite leh a gantatna muna belaamte i hi uhi," huchih laiin, Psalm 94:9 in hichiin ahung hesah kiit hi, "Bil koihpa'n, A za sih eimah? Mit siampa'n, A mu sih eimah?" Pa Pathian bangkim bawltheipa i bilte leh mitte i lungtang sungnungpen apat siamtu i gintaat chiangin, bangkim a hithei hi. Hujiahin Jesu, tahsa a leitung a hung paipa, a diingin, bangkim a hithei hi. Mark 7 a i muh bangin, Jesu'n bilngong leh mittaw A suhdam laiin, mipa bilte ahung kihong a huleh A thusoite heettheih in ahung um hi.

Jesu Khrist a i gintaat chauh uh hilou in hizongleh Pathian silbawltheihna chu ginna piching toh i nget chiangun, Bible a kigial bangbang natoh in tuni in zong a tong diing hi. Hikhu toh kisai in, Hebraite 13:8 in hichiin ahung hilh hi, "Jesu Khrist chu zaanni leh tuni leh kumtuang in a kibang hi," huchih laiin Ephesite 4:13 in zong hichiin ahung hilh hi, "Ginna leh Pathian Tapa heetna lama kithutuaaha, pichinga, Khrist taangchinna dungtan i phaah chiat masiah uh."

Ahihvangin, tahsa kahiang ahung siat a ahihlouhleh bilngonna leh haamtheihlouhna tahsa chite ahung sih jiaha hung um chu suhdamtheihna silpiaah jalin a suhdam theih sih hi. Mikhat, Jesu taangchinna dungtan hung hita in, Pathian apat a silbawltheihna leh thuneihna a tan a huleh Pathian deihna toh kituaah a, a haamtei chiang chauh in, suhdamna a tung hi.

A bilngonna vapat a suhdam a um
mite jala
kipaahna lasah

*"Himna Nang in
Na hung piaah toh,
Nang hung lungguih in
Leitung ah ka pai dunguhi*

*Ka hagau suangval banga chiim
Nang kawm ah a hung hi."*

Deaconess Napshim Park in kum 55 sung bilngong apat suhdam
ahih nunga
Pathian paahtawina a piaah

Manmin a Pathian in Bilngonna A Sudamna Siltungte

"Bradyacusia" kichi suhdamna siltung tampi, huleh mihing simseenglouhte a pian vapat a khua za thei loute'n a khatveina diinga khua ahung zaahna uh tampi ka muta hi. Kum sawmnga leh nga leh sawmnga leh sagih sung a diinga a khatveina diinga khozaah mi nih a um uhi.

September 2000 in, Nagoya, Japan a Limdangtaha Suhdamna Gualnop ka bawl laiin, mi sawmlehthumte khozaahna lam buaina neite'n ka haamteina a dawn utoh kiton a suhdamna tang a um uhi. Hih thuthang chu Korea a khozaahna lam buai tampi ana za va, huchiin tampite May 2001 a kuaahveina Kal-nih Halhthahna Kikhopna Poimoh ah ahung tel va, suhdamna a tang va, huleh nasatahin Pathian a paahtawi uhi.

Amaute lah ah numei kum sawmthum leh thum a upa khat, kum giat ahih a tuahsiatna a tuaah apat bilngong-haamtheilou a um, a telkha hi. 2001 Kikhopna ma sawtlou a ka biaahinn va puitung ahih nungin, dawnna tang diingin ana kisakhawl hi. Numeinu chu niteng a um "Daniel Haamteina Kikhopna" a tel a, huleh, ama'n a sualna paisate ahung phawhdoh, a lungtang a botkeeh hi. Lungluutna liantah toh Halhthahna Kikhopna a tel diinga a kisah nung in, Kikhopna ah ahung tel hi. Kikhopna hunseh nunungpen ah, bilngong-haamtheilou tunga haamteisah diinga ka khut ka ngah chiangin, a kihengpah sih hi. Ahinlah, amah a lunglel sih hi. Husangin, ama'n suhdamna tangsate kiphuanna chu thanuamtah leh kipaahtahin a en a, huleh amah zong suhdam theih ahi chih ahung gingta semsem hi.

Pathian in hikhu ginna a koih in huleh Kikhop bei nung numeinu A damsah hi. Kikhopna bei nung nasan in zong Pathian silbawltheihna natohna kilang ka mu hi. Huban ah, khozaahna etkhiaahna a va neih in a bil langnih chu a bawna damsah veh ahi chih a va hechiansah hi. Hallelujah!

Pianpih Bilngong in Suhdamna a Tang

Pathian silbawltheihna kilatna letdan chu a kum a kum in a khangtou hi. 2002 Honduras Suhdamna Limdang Chialpina ah, mihing simseenglouhte bilngong leh mittaw ana hite'n khua ahung za va huleh ahung haam uhi. Chialpi lai a veengtu sepaih lamkaipa tanu a pian apat a, a bilngonna apat suhdam ahung hih hi, a kipaah mahmah tahzet hi.

Kum giat a upa Madeline Yaimin Bartres bil langkhat ahihleh hoihtaha khang lou in huleh awlawl in a khozaahna ahung mangsah hi. Chialpi toh kisai ana zaah in, Madeline in a pa kawm ah amah zong pui diingin a ngen hi. Phatna hun kizat laiin khotuahna tampi a dong a, huleh damlou tengteng a diinga ka haamtei laiin, hoihtahin ahung za thei hi. A pa'n chialpina a diinga ginumtaha a toh jiahin, Pathian hichibangin a ta A gualzual hi.

2002 India Suhdamna Limdang Haamteina Gualnop ah, Jennifer in a Khozahna Kithuahpih A Ladoh Hi

India a Chialpi sung leh a nung a heetpihna kiphuang simseenglouhte a bawn in kigelhluut sih mahleh, teeltuam tamloute jiahin Pathian kawm ah kipaahthu soil eh paahtawi teitei diing dinmun a kium hi. Hutobang silte lah ah numei khat a min Jennifer, a pian apat a bilngong leh mittaw taangthu ahi. Daktor khat in khozaahna kithuahpih a khozaahna neukhat

Jennifer chu a bilngonna apat suhdam leh doctor in a velchianna

CHURCH OF SOUTH INDIA
MADRAS DIOCESE
C. S. I. KALYANI MULTI SPECIALITY HOSPITAL
15, Dr. Radhakrishnan Salai, Chennai-600 004. (South India)

Phone: 857 11 01
859 23 06

Ref. No. .... Date: 15/10/02

To whom it may concern

Miss Jennifer aged 5 yrs has been examined by me at CSI Kalyani hospital for her hearing.

After interacting with the child and observing her and after examining the child, I have come to the conclusion that Jennifer has definitely good hearing improvement now than before she was prayed for. Her mother observation of her child is far more important and the mother has definitely noticed marked improvement in her child's hearing ability. Jennifer hears much better without the hearing aid, responding to her name being called, when as previously she was not, without the aid

Christy

Medical Officer,
C. S. I. KALYANI GENERAL HOSPITAL

Audiogram result: Moderate to severe sensori-neural hearing loss i.e. 50% – 70% hearing loss. Christy

suhoihtu thuah diingin a hilh a hizongleh a khozaahna a hoihkim sih diing chiin a hilh hi.

Jennifer nu'n a tanu damna damna diinga niteng a, a nget laiin, chialpina ah ahung kikhawm uhi. A nu leh a tanu haamngaihna lianpi bul ah a tou uhi ajiahchu haamngaihna bul a tou in Jennifer a diingin bangmah buaina a nei sih hi. Chialpi ni tawpni in, a bang hileh, mipi tampi a kikhop jiahun, haamngaihna bul ah touna a tang sih uhi. A ban a sil hung tung chu a gintaathuai sih hi. Pulpit apat damloute haamteisahna ka zoh phet in, Jennifer in a nu kawm a silgingte a ngaih talua chiin a hilh a huleh a khozaahna kithuahpih ladoh diingin a sawl hi. Hallelujah!

Suhdamna ma a daktor in ana cheptehna dungjuiin, khozaahna kithuahpihna tel lou in, Jennifer khozaahna in bangmah awging ngaihpen zong a za sih diing chih ahi. Soidan tuam in, Jennifer in a khozaahna za laha za a mansuahta a, hizongleh haamteina zoh in 30-50 percent vel hung umthah a muh ahi. A nuai a te chu otorhinolaryngologist Christina in Jennifer tungtaang a soina ahi:

Jennifer, kum nga, khozaahtheihna tehna diingin, amah chu

C.S.I. Kalyani Multi Specialty Hospital ah ka enchian hi. Jennifer toh ka kihou zoh uh, haamteina zoh in a khozaahna ah masawnna dihtah leh chiamtehtham a um hi chiin thukimna ka nei hi. Jennifer nu ngaihdan in zong thusoi a nei hi. Ama'n zong ka muhdan mah in a mu hi: Jennifer khozaahna chu dihtahin huleh naahpi in masawn in a um hi. Hih hun ah, Jennifer in a kithuahpi um lou in hoihtahin a za thei a huleh mite'n a min a kouh chiangin hoihtahin a sang thei hi. Hikhu chu kithuahpih um lou haamteina neih ma a, a umdan ahi sih hi.

Ginna a lungtang ana kisakhawlte a diingin, Pathian silbawltheihna chu muanmohna um lou in a kilang hi. Himah e, Khrist a hinkhua ginum a, a hin sungteng uh damloute dinmun awlawl a, a ni a ni a, masawn a, a umna a um hi.

Hun tamzaw ah, Pathian in a naulai vapat a bilngongte a masapen a, a bawn a, A suhdam veh louh hun a um hi. Suhdam ahih phet va hoihtah khua zapah hi uleh, awging tengteng amau a diinga thuaah hahsa zong ahi diing hi. Mite'n a let nung va a khozaahna uh mangsah ahih uleh, Pathian in A damsah ngal thei hi ajiahchu amaute a kiim va awgingte toh a kimiilna diing un hun sawt a la sih diing hi. Hutobang dinmun ah, mite chu a tuung in a lungbuai maithei uhi, hizongleh nikhat ahihlouhleh ni nih zoh chiangin, ahung dam diing va huleh a khozaahtheihna utoh kituaah in ahung hing thei diing uhi.

April 2003 in, United Arab Emirate a Dubai a ka zin sung in, numei khat kum nih ahih laia lukhingna a haam chiang thei lou a um kum sawmthum leh nih mi khat ka mukha hi. Ka haamteina a don zohzoh in, numeinu'n piltahin, "Ka kipaah!" a chi hi. A thusoi chu a kipaahna taangpi hi in kana ngaihtuah hi, hizongleh a nulepate'n a tanu un "Ka kipaah" a chih nunungpen chu kum sawmthum vel paita ah ahi chih ahung hilh uhi.

Silbawltheihna Haamtheiloute Haam Theisah leh Bilngongte Khua Zasah Tanna Diingin

Mark 7:33-35 ah a nuai a bang a kimu hi:

Huin ama'n mipi lah-a patin amah apuuituama, a khutzung in a bil sungte a khoih a, huin chil a siat a, huleh alei akhoih a; Huin vaan lam enin a haaihuaia, a kawm ah, 'Ephphatha,' a chi a, huchu, Kihongin, chihna ahi. Huin a bilte ahung vanga, a leigui akiphela, huleh siangtahin ahaam thei ta hi.

Hitah a, "Ephphatha" kichi umzia chu Hebrai haam in "Hong" chihna ahi. Jesu'n silsiam awsuah bulpi thu A piaah chiangin, mipa bilte ahung kihong a huleh a lei ahung kawl hi.

Huchi ahihleh, bangjiaha Jesu'n A khutzung mitap bil a thu A piaah, "Ephphatha" ma a koih ahiai? Romte 10:17 in hichiin ahung hilh hi, "Zaahna apat in ginna ahung a, huleh Khrist thusoi zaahna tungtawn in." Hih mipa'n a zaah louh jiahin, amah a diingin ginna neih a baih sih hi. Huban ah, mipa chu Jesu mai ah suhdamna tang diingin ahung sih hi. Huchihnaah sangin, mi khenkhatte hih mipa Jesu kawm ah ahung pui uhi. A khutzungte mipa bil a koih in, Jesu mipa chu A khutzung tungtawn a ginna nei diingin A panpih hi.

Jesu'n Pathian silbawltheihna A latsahna siltung a kiphum hagaulam umzia i hung heetsiam chiangun, A silbawltheihna i tangkha thei giap uhi. Bangtobang in kal i suanta diviai?

Suhdamna tanna diingin ginna i neih masat uh a ngai hi.

Tawmchakhat hi mahleh, suhdamna nei in ginna a neih diing

ahi. Ahihvangin, Jesu hun lai tobang lou in huleh khovel a khantouhna jiahin, pailai thei tampi, a limchiing a haamnate tel in, khozaahna lam buai mite nasan in tanchinhoih ahung zaah theihna diing uh, a um hi. Kum tamlou a kipan in, Manmin ah ka 'sermon' thusoite zousiah chu limchiin a haamnate in a peetpeet in a kiletdoh hi. Hih hun paisa a thusoite chu 'website' ah zong a hunteng in a puahthah tou zing hi.

Huban ah, lampi dang tampi in, lehkhabu, tanchinbu, lehkhabu neu, leh video leh awging kikhumnate tel in, tupna na neih naahleh ginna na nei thei hi. Khatvei ginna a kineih kalsiah, Pathian silbawltheihna na tang thei hi. Ginna na neihna diinga hung panpihtu diingin kiphuanna tampi ka hung soita hi.

A ban ah, ngaihdamna i tan diing uh ahi.

Bang diinga Jesu'n mipa bilsung a, A khutzungte a thun nunga A chil sia a huleh mipa lei khat ahiai? Hikhu in hagaulam ah tui a baptisma a ensah a huleh hichu mipa sualnate ngaihdamna diingin a poimoh hi. Tui a baptisma kichi umzia chu tui banga siang Pathian thu tungtawn in, i sualnate tengteng apat a i kisuhsiangthou diing uh chihna ahi. Pathian silbawltheihna tanna diingin, mikhat in sual buaina a suhveng masat diing ahi. Tui a mipa nitna suhsiang sangin, Jesu'n A chil in a heng a, huleh hikhu chu hih mipa ngaihdamna a ensah hi. Isaiah 59:1-2 in hichiin ahung hilh hi, "Ngaiin, Lalpa khut chu hundam thei lou diingin suhtomin a um siha; a bil zong ja thei lou diingin angong saam sih hi. Hizongleh na thulimlouhnate uh nanguh leh Pathian kaala kiain ahung sukhena, huleh ahung jaah theih louh nadiingin na sualnate un a maai a liahsah hi."

Pathian in eite 2 Khangthu 7:14 a ahung chiam bangin, "Ka mina kikou ka mite a kingaihngiamva, a haamteiva, ka meel a hawl va, huleh a umdan giloute uh a kiheisan unchu, vaan apat in kana ngaikhe diinga, asualnate uh ka ngaidam diinga, a gam uh ka sudam diing hi," Pathian mai dawnna muhna diingin, dihtaha nang leh nang na kiet kiit a, na lungtang na bohkeeh a, huleh na kisiih diing ahi.

Pathiam mai a bang ahiai i kisiih diing uh?

Khatna, Pathian na gintaatlouh leh Jesu Khrist na pom louh na kisiih diing ahi. Johan 16:9 na ah, Jesu'n Hagau Siangthou in khovel gilou chu a sual a kiphawhdohsah diing hi, ajiahchu mihingte'n Amah ah a gingta sih uh chiin ahung hilh hi. Lalpa pom louh chu sual ahi chih na heetdoh diing ahi, huleh huchiin Lalpa leh Pathian ah gingta in.

Nihna, na sanggampa na lungsiat louhleh, na kisiih diing ahi. 1 Johan 4:11 in hichiin ahung hilh hi, "Deihtahte, Pathian in ahung lungsiat leh, ei uh zong khat leh khat i kilungsiat diing uh ahi." Na sanggampa'n ahung huat leh, amah na huatthuh sangin, na thuaah a huleh na ngaihdam diing ahi. Na meelma zong na lungsiat a, a hoihna diing nah awl a, huleh amah dinmun a ding bang na kingaihtuah a huleh na gamtat diing ahi. Mi zousiah na hung lungsiat chiangin, Pathian in a khotuahna, hehpihna, huleh suhdamna natoh ahung musah diing hi.

Thumna, nangmah masialna diinga nana haamteikhaah leh, na kisiih diing ahi. Pathian chu hutobang mahni masialna haamteina ah A lungkim sih hi. Ahung dawng sih diing hi. Tu a kipat in zong, Pathian deihna bang dungjuia na haamtei diing ahi.

Lina, na haamtei a hizongleh na ginlelh leh, na kisiih diing ahi, Jakob 1:6-7 ah hichia gelh ahi, "Hizongleh, ginglel hetlouin ginna neiin ngeen heh. Ajiahchu ginglel mi chu tuikhanglian kinawh, huih muut leeng lehleh bang ahi. Hujiahin, huchibang min chu Lalpa apat bangmah muh kigingta sih heh." Huchih dungjuiin, i haamtei chiangun, ginna tungtawn a i haamtei va huleh Amah i kipaahsah diing uh ahi. Huban ah, Hebraite 11:6 in ahung heetsah bangin, "ginna tel lou in Pathian A lungkimsah theih sih," na ginlelhna paihmang inla huleh ginna chauh toh ngen in.

Ngana, Pathian thupiaahte na manlouhleh, na kisiih diing ahi. Jesu'n Johan 14:21 a ahung hilh bangin, "Koipouh ka thupiaahte nei a, jui chu, kei hung lungsiat ahi; huleh koipouh kei hung lungsiat chu ka Pa lungsiatin a um diinga, ken amah ka lungsiat diinga, a kawm ah ka kilaah diing," Pathian na lungsiatna A thupiaah juihna tungtawn a, a chetna na latsah chiangin, Amah apat in dawnna na tang thei hi. Hun khat ban ah hunk hat ah, gingtute chu gari tuahsiatna tuaah a um veu hi. Hukhu jiah chu a tamzote'n Lalpa Ni a kep siangthou louh jiah uh ahihlouhleh a sawmakhat uh a kim a piaah louh jiah uh ahi. Khristian a diinga daan kibawl taangpite, Thupiaah Sawmte, a juih louh jiahun, Pathian venbitna nuai ah a um thei sih uhi. A thupiaahte ginumtaha juite lah ah, amau bawlkhelh jiahin tuahsiatna tuaah khenkhat a um uhi. Ahihvangin, amaute chu Pathian in A veeng hi. Hutobang siltung ah, a sunga mite chu gari a siat dimdem nung in zong a bit uhi, ajiahchu Pathian in amaut A lungsiat a huleh A lungsiatna chetna a langsah hi.

Huban ah, Pathian ana he mite'n haamteisahna a don nung un kintahin a suhdamna a tang uhi. Hikhu jiah chu biaahinn ahung kai meimei uh zong ginna natoh ahi a, huleh Pathian in amaute sung ah na A tong hi. Ahihvangin, mite;n ginna a neih va huleh thudih a heet va himahleh Pathian thupiaahte a juihlouh veu va huleh A thu dungjuia a hin louh uleh, hichu Pathian leh hu mite kikal a baang ahung suaah a, huleh huchiin suhdamna a tang sih uhi. Pathian in A Kigawm Chiampina Thupi gampolam kinei sung a gingloute laha na thupitaha A tohna jiah chu milim bemite'n thuthang ana za va huleh chialpina a ahung tel uh meimei zong Pathian mitmuha ginna ahi chia ngaih theih ahih jiah ahi.

Guupna, na tuh louhleh, na kisiih diing ahi. Galatiate 6:7 in hichiin ahung hilh bangin, "Mihing in a tuh bangbang, a aat diing hi," Pathian silbawltheihna tanna diingin, kuhkaltaha kikhopnate na tel diing ahi. Na sapum toh na tuh chiangin, chidamna gualzawlna na tang diinga, huleh na neihsa toh na tuh chiangin, hauhsatna gualzawlna na tang diing hi. Hujiahin, tuh loupi a na aat sawm leh, hukhu na kisiih sawm diing ahi.

1 Johan 1:7 ah hichiin a kigial hi, "Hizongleh amah vaah-a a um banga ei zong vaah-a i um leh khatle khat kipawlkhawmna i neia, huleh a Tapa Jesu Khrist sisanin sualna zousiah a'pat ahung silsiang hi." Huban ah, 1 Johan 1:9 a Pathian thuchiam "I sualnate i phuan inchu, i sualnate ngaidam diing leh, dihtatlouhna zousiah a'pat hung silsiang diingin amah chu a muanhuai in a dihtat ahi," tudet in nang leh nang kien kiit in, kisiih in, huleh vaah ah pai ngeingei in.

Pathian khotuahna na tan a, na ngei photmah na muh a, huleh A silbawltheihna jala chidamna gualzawlna chuah hilou a hizongleh na hinkhua a silbangkim leh lamchin gualzawlna zong na tan chu, i Lalpa Jesu Khrist min ka haamteina ahi!

Thusoi 9
Pathian Silphatuam Bawlsah Zuau Ngei lou

Daanpiaahkiitbu 26:16-19

*"Tuniin Lalpa na Pathian in hi thusehte leh
vaihawmdante bawl diing thu ahung pia ahi:
hujiahin na lungtang zousiah leh na
hinna zousiahin na pomin na jui diing ahi.
Tuniin nangma'n Lalpa chu na
Pathian hi diing leh, a lampite juia, a thusehte leh,
a thupiaahte leh, a vaihawmnadante jui a, a awte
ngaikhe diingin na teelta hi. Huleh tuniin Lalpa'n zong
nang chu ahung chiam banga
A mi tuambiih hi diinga, a thupiaah te zousiah jui
diingin: Paahtawina leh, minthanna leh,
zahbawlna a nam a bawl zousiah tunga
saangtaha bawl diingin leh, a soisa banga
Lalpa na Pathian a diinga nam siangthou na
hihtheihna diingin ahung teelta hi," a chi a*

Lungsiatna sangpen teeldoh diinga kisawl bang hitaleh, mi tampite'n nulepate lungsiatna a teel diing uhi, a diaahkhol in nu in a ta ngeeh a lungsiatna. Ahihvangin, Isaiah 49:15 ah hichibang in i chi hi, "Numeiin a tapa, a gila gah ngeei hehpih lou diingin a nao nawiteeplai a mangngilh thei ei? ahi, a mangngilh thei uhi, hizongleh keima'n nang ka hung mangngilh sih diing hi." Pathian lungsiatna kiningching chu nu in a ta ngeeh a lungsiatna toh a tehkaah theih sih hi.

Lungsiattu Pathian in mi zousiah hutdamna tang diing chauh a deih hilou in, hizongleh vaangam thupitaha kumtuang hinna, gualzawlna leh nopsahna tang diingin A deih hi. Hujiahin A tate sawina leh gimthuaahna apat A hundoh a huleh a nget photmah uh bangkim piaah A ut hi. Pathian in eite zong gualzawlna hinkhua leitung chauh a zang diingin ahung pui sih a, hizongleh ahung tung diing kumtuang hinkhua a zong diingin ahung deih hi.

Tuin, silbawltheihna leh sawilawhna tungtawn in Pathian in A lungsiatna ah eite ahung phalsah a, Manmin Central Church a diinga Pathian silphatuam bawlsah i enchian diing uhi.

Pathian Lungsiatna in Hagau Zousiah Hutdam Diing A Deih hi

A nuai a bangin 2 Peter 3:3-4 ah i mu hi:

Hikhu he masa un, ni nunung lam ah, simmoh-haatte, amah uh utna ngeei banga gamta ahung um diing va, "Ahung kiitna thuchiam khoiah ahiai? silsiam chiila kipat sil bangkim pileepute ihmut ni a kipanin a um ngeingei bangin a um jel, a chi diing uhi."

Mi tampi hun tawpna diing thu i soi chiang va hung gingta lou diing a um uhi. Ni ahung suaah a, a tum gige bangin, mite ahung pian va a sih jel uh bangin, khangtouhna in malam a sawn jel bangin, hutobang mite sil chu amah a paitou gige diingin a ngaihtuah uhi.

Mihing hinkhua a kipat leh tawp hun a um tuaahtuaah bangin, mihingte khangthu kipatna a um leh, a tawpna diing a um ngei diing hi. Pathian teel hun ahung tun chiangin, vaannuai a silbangkim in a tawpna a mu diing hi. Mi zousiah Adam hun a kipat a ana um tengteng in vaihawmna a tuaah diing uhi. Mikhat leitung a, a hin dungjuiin, vaangam ahihlouhleh meidiil ah a luut diing uhi.

A langkhat ah, Jesu Khrist a gingta huleh Pathian thu dungjuia hing mite vaangam a luut diing uhi. A lehlam ah, tanchinhoih a zaah nung va zong gingta lou, huleh Pathian thu dungjuia hing lou a himahleh huchih naahsanga Lalpa a, a ginna uh phuang napi a gilou a hingte, meidiil ah a luut diing uhi. Hujiahin Pathiain chu khovel pumpi ah a kintheipen a tanchinhoih thehdalhna diing A thanuam mahmah hi, huchia hagau khat beeh a hutdamna tang diinga a kibehlapna diingin.

Pathian Silbawltheihna chu Hun Tawpna Ah A Kithehdalh Diing hi

Pathian in Manmin Central Church A phuhdoh jiah leh silbawltheihna limdangtah A latsahna jiah hitaha a um hi. A silbawltheihna kilatna tungtawn in, Pathian in Pathian dihtah A um chih chetna ahung pe ut a, huleh vaangam leh meidiil a tahtah ahihna ah ahung hesiamsah ut hi. Jesu'n Johan 4:48 a ahung hilh bangin, "Nang un chiamchihna leh silmahte na muh masang uh, na gingta ut sih uhi," a diaahin sual leh gilou in ma a sawn a huleh heetna ahung khan hun ah, silbawltheihna natoh mihing ngaihtuahna zousiah satzaah chu a poimoh sem hi. Hijiahin, hun tawpna ah, Pathian in Manmin A thunun a, huleh silbawltheih khangtou zing toh A gualzawl hi.

Huban ah, mihing chituhna Pathian in ana guanggalh in a tawpna a naihta hi. Pathian teel hun ahung tun masangsiah, silbawltheihna chu vanzat poimoh mi zousiah hutdamna tanna diinga hun lemchang tengteng hundam thei ahi. Silbawltheihna chauh toh mi tamzote a kinzaw in hutdamna ah a pui theih diing hi.

Gawtna leh gimthuaahna um zing jiahin, khovel a gam khenkhatte laha tanchinhoih thehdalh chu a hahsa tahzet a, huleh tanchinhoih zakha keei nailou mi tampi a um hi. Huban ah, Lalpa a, a ginna uh phuangdohte lah nasan ah, mite ngaihtuah bangin ginna dihtah nei mi a tam talo sih hi. Luke 18:8 ah, Jesu'n hichiin ahung dong hi, "Abang hitaleh, Mihing Tapa hung chiangin, leitung ah ginna A mu diai?" Mi tampi biaahinn a kai va, hizongleh khovel a mite toh kikhiatna tam lou in, sualna ah a hingtou jel uhi.

Huchi ahihvangin, khovel gamte leh gamkaihte Khristian

sahkhua kidoudaalna nasan ah zong, mi'n Pathian silbawltheihna natoh a tuaahkha chiangun, ginna sihna lau lou ahung mumdoh a huleh tanchinhoih thehdalhna meikuang ahung pawtdoh hi. Ginna dihtah bei a sual a hing mite'n chu Pathian hing silbawltheihna natoh tahsa ngei a, a tuaahkha chiangun, Pathian thu a hing diingin a suhaat hi.

Gamdang a mission khualzinna tampi ah, tanchinhoih phuangdalhna leh soina kikhamna leh kouhtuam kisoisatna gamte a ka chiah hi. Hutobang gamte Pakistan leh United Arab Emirates chihte ah, Islam sahkhua khan mahmahna, huleh Hindu tamna India gam ah, Jesu Khrist a kiphuangdoh a huleh mite'n Pathian hin a gintaatna diing uh chetnate a latsah ahih chiangin, mihing simseenglouhte chu hutdamna tang diingin a kiheng uhi. Milim biaah in um mahleh uh, khatvei Pathian silbawltheihna a muh chiangun, mite'n daan jiah siltung diing lauhna um lou keei in Jesu Khrist ahung pom uhi. Hikhu in Pathian silbawltheihna thupitah a phuangdoh hi.

Loubawlmi in buhlaah hun a haichi a aat bangin, Pathian in hutobang silbawltheihna limdang A sulang hi huchia ni nunung lam a hutdamna tang diing hagau zousiahte A aat theihna diingin.

Bible a Kigial Hun Nunung Chiamchihnate

Bible a kigial Pathian thu jal nasan in, i tenna hun uh chu hun nunung ahita chih i soi thei uhi. Pathian in hun tawpna diing a ni leh a huh dihtah hung hilh sih mahleh, hun nunung ahita chih i soi theihna diing silte ahung piaah hi. Vaan ahung niim chianga guah nailam ahita chih i soilawh theih bangun, khang hung kiheidan apat in, Bible a chiamchihna in ni nunung ahita chih ahung soilawhsah thei hi.

Etsahna in, Luke 21 ah hichia kigial i mu hi, "Amahvang kidou thu leh buai thute na zaah chiangun lau sih un; ajiahchu hi silte hung tung masa diing mawng ahi; hizongleh atawpna chu atungpah nai sih diing hi" (c. 9), huleh "Mun tuam tuamah jiil nasatahin a liing diinga, kialte hung tungin, hiite ahung leeng diing; huleh vaan apat in sil lauhuaite leh chiamchihna loupite ahung um diing hi" (c.11).

2 Timothi 3:1-5 ah, a nuai a bang i mu hi:

Huleh hizong hein, ni nunung lam ah hun hahsa tahtahte ahung um diing hi. Ajiahchu mi amahuh kilungsiatte, sumngainate, kiuangsahte, kisatheite, Pathian soisete, nulepa thumangloute, kipaahnataang heloute, siangthouloute; Iitna pianpih neiloute, buaina bawlte, juaua miheehte, kideehtheiloute, mi huhamte, hoih mawngmawng deihloute, Leptatte, ngongtatte, kingaisaangte, Pathian lungsiat saanga amahuh kipaahna ngainazote bang ahi diing uhi. Pathian ngaihsah batna anei diing va, hizongleh a silbawltheihna a tahsang sih diing uh; huchibangte chu nungheisan in.

Khovel pumpi ah siatna leh chiamchihna tampi a um a, huleh mite lungtang leh ngaihtuahna chu tuni in ahung gilou semsem hi. Kal tengin, siltung leh tuahsiatna toh kisai tanchin tangthu tomkim kilakhawm ka dong jel a, huleh sil kilakhawm chu ahung pung semsem hi. Hih umzia chu khovel ah siatna, vangsiatna, huleh giitlouhna natoh tampi a tung zing chihna ahi.

Ahihvang inlah, mite'n hih siltung leh tuahsiatna chu nidanga a heet theih bangun a he thei nawn sih uhi. Hitobang siltung leh tuahsiatna toh kisai a zou a zai a, a tuaah zing jiahun, mite lung ahung mawgawpta hi. A tamzote'n siatna huaisetah, gal thupitahte, leitung siatna, huleh kithahna leh vangsiatna thuaahtute a khawhngaih nawn sih uhi. Hih siltungte'n tanchinbute a luahdim veu hi. Ahihvangin, naahtaha hung phawng ahihlouhleh midang a heet ngeite uh tunga tung ahih ngallouhleh, mi tamzote a diingin, hutobang siltung chu a soitham lawmlawm sih a huleh sawtloukal a manghilh in a um hi.

Khang amah a hung kihongdan tungtawn in, khanlohna nei huleh Pathian toh kihoumatna chiangkuangtah neite'n aw khat in Lalpa Hung Kiitna diing a naita chih a mu uhi.

Hun Tawpna Tungtaang Soilawhna leh Manmin Central Church a diinga Pathian Silphatuam Bawlsah

Manmin a Pathian soilawhna kilaahte tungtawn in, hikhu chu hun tawpna ahi tahzet chih i soi thei hi. Manmin kiphuhdoh apat tuni chiang ah, Pathian in president leh innpi vaihawmna kiteelna thusuaah, Korea leh gamdanga mi poimohte leh heet mahmahte sihnate, huleh khovel khangthu siamtu siltung dang tampi ahung hilhlawh hi.

Hun tamtah ah hutobang thuthatte chu kouhtuam kalteng thusuah ah ka soidoh veu hi. A sunga thute a poina um thei diing ahihleh, mi tamloute chauh kawm ah ka soi hi. Kum sawtlou paita ah, pulpit apat in a vangkim in North Korea, United States toh kisai kilaahnate, huleh khovel huap a siltung diingte ka phuangdoh hi.

Sailawhnate a tamzaw chu soilawh ahih dungjuiin a taangtung hi, huleh siltung diing kisoilawh ahung tung zingte leh ahung tung nalai diingte zong. A chiamteh theih silkhat chu a tamzote chu hun tawpna toh kisai a sil hung tung diing soilawhna ahi. Ajiahchu hute lah ah Manmin Central Church a diinga Pathian silphatuam bawlsah ahi a, hite laha soilawhna khenkhatte i enchian diing uhi.

Soilawhna khatn chu North leh South Korea kikalthu toh kisai ahi.

A kiphuhdoh apat in, Pathian in North Korea toh kisai

hunkhop Manmin ah ahung sulang hi. Hikhu jiah chu hun nunung ah North Korea a tanchinhoih soi diinga kouhna ka tang uhi. 1983 in, Pathian in North leh South Korea lamkai khattuaah kihouna leh a khonung thusuaah ahung hilhlawh hi. Kihouna zoh nung geih in, North Korea in hun tomkhat sung a diingin khovel kawm ah a kot a hong a hizongleh sawtlou in a khaah kiit diing hi. Pathian in ahung hilh a huchiin North Korea ahung kihong chiangin, Pathian siangthouna leh silbawtheihna tanchinhoih chu a gam ah a luut diinga huleh tanchinhoih soina a um diing hi. Pathian in huchia North leh South Koreate hutobang a ahung um chiangun Lalpa hungna diing a naita chih manghilh lou diingin ahung hilh hi. Ajiahchu Pathian in hutobang a Korea gam nihte "ahung um uh" thuguuh a koih diingin ahung hilh jiahin, huh thuthah ka taahlang thei sih hi.

Tampite'n na heet uh mahbangin, Korea nihte lamkaite kihouna 2000 kum in a tung hi. North Korea, khovel in a nohhaatna jalin, sawtlou in a kot ahung hong diing chih na zeheet maithei hi.

Soilawhna nihna chu khovel mission natohna toh kisai ahi.

Pathian in Manmin a diingin gamdanga chialpina a siing, a nuai, leh a maktaduai a tam mite ahung kikhop va, huleh A silbawltheihna limdang jala khovel a kintaha tanchinhoih soina gualzawlna ahung piaahna diing ana guanggalh hi. Hute lah ah Uganda a Tanchinhoih Siangthou Chialpina, a tanchin ahihleh Cable News Network (CNN) a khovel huap a gamteng a kisuahdoh; Pakistan a Suhdamna Chialpi, Islam khovel tohliing a huleh Middle East a missionari natohna kot kihongsah; Kenya a Tanchinhoih Siangthou Chialpina natna tampi, AIDS chihte tel a, suhdam ahihna; Philippines a, a Kigawm Suhdamna Chialpina Pathian silbawltheihna pawhzaahna kilatna; Honduras a Sillimdang Suhdamna Chialpina Hagau Siangthou huihpi hung tungsah; India, khovel a Hindu tampenna gam, a Sillimdang Suhdamna Haamteina Gualnop Chialpina, ni li sung chialpina a mihing maktaduai thum va hung kikhopna chite a tel hi. Hih chialpina tengteng in Manmin Israel a, a luutna diing, a siltup tawpna, diingin kalbi a lem hi.

Mihing chituhna diinga A silguan thupi nuai ah, Pathian in Adam leh Evi A siam a, huleh leitunga hinkhu a a kipat chiangin mihing ahung pung hi. Mi tampite lah ah, Pathian in nam khat, Israel, Jakob suante A teel hi. Israelte khangthu ah, Pathian in A loupina leh mihingte chituhna diinga silphatuam A bawlsah Israel kawm chauh ah hilou in hizongleh khovel pumpi a mi tengteng kawm ah A langsah ut hi. Israel mite'n huchiin mihing chituhna etsahna a bawl va, huleh Israel khangthu, Pathian in A vaihawm, nam khat khangthu chauh hilou in hizongleh mi zousiah a diinga A thusoi ahi. Huban ah, Adam a kipan mihing chituhna zohsiang ahih ma in, Pathian Israel kawm ah tanchinhoih, ahung kipatna, ahung kilehkiit A deih hi. Ahihvangin, Israel a Khristian kikhopna guangalh leh tanchinhoih thehdalh chu a hahsa tahzet hi. Pathian silbawltheihna kilatna vaan leh lei tohliing thei Israel ah a poimoh hi, huleh hih Pathian silphatuam bawlsah sehkhat chu Manmin diinga hun nunung a kouhna kiguan ahi.

Jesu Khrist tungtawn in, Pathian in mihing hutdamna silphatuam bawlsah, huleh Jesu a Hundampa a pom photmah kumtuang hinna nei diinga phalsah, suhtaangtung ahi. Pathian miteel Israel in, a bang hileh, Jesu chu Messiah in a pom sih hi. Huban ah, A tate huihkhua a laahtouh ahih tandong, Israel mite'n Jesu Khrist tungtawn a hutdamna silphatuam bawlsah a hesiam sih diing uhi.

Ni nunungte ah, Pathian in Israel mite chu kisiih a huleh Jesu chu a Hundampa va pom a huchia hutdamna tungzou diing A deih hi. Hujiahin Pathian in siangthou tanchinhoih chu Manmin kouhna sang A piaah tungtawn a Israel pumpi a luut diing leh kithehdalh diing A phalsah hi. Tuin Middle East missionari natohna diing kalbi poimohtah chu April 2003 in, Pathian diehna dungjuia lepdoh in a umta, Manmin in Israel a diing kiguanggalhna poimohtah a bawl diinga huleh Pathian silphatuam bawlsah a subuching diing hi.

Biaahinn Lianpi bawlna toh kisai soilawhna thumna.

Manmin kiphuhdoh nung sawtlou in, Ama'n ni nunungte a diing A silphatuam bawlsah ahung suhlat toh kiton in, Pathian in Biaahinn Lianpi bawlna diinga kouhna khovel a mi zousiah kawm a Pathian loupina suhlatna diing ahung piaah hi.

Thuhun Lui hunte ah, natoh tungtawn in hutdamna a muhtheih hi. Mikhat lungtang a sual um kipaihdoh sih mahleh, a polam a sual bawl ahihlouh sungteng, koipouh hutdam theih ahi. Thuhun Lui hun a Biaahinn chu mite'n natoh chauh toh Pathian a biaahna un biaahinn, daan in a soi, ahi.

Thuhun Thah hunte sungin, bangteng hileh, Jesu A hung a,

huleh lungsiatna in daan A subuching hi, huleh Jesu Khrist a i ginna uh jalin hutdamna ina tangta uhi. Pathian in Thuhun Thah a biaahinn A deih chu natoh chauh hilou a hizongleh lungtang zong pang a kibawl ahi. Hih biaahinn chu Pathian ta dihtah a sualna uh paihmangte'n, lungtang suhsiangthou leh Amah lungsiatna lungtang te bawl diing ahi. Hujiahin Pathian in Thuhun Lui hun a Biaahinn chu suhsiat diing A phalsah a, huleh haugaulam a umze neitah biaahinn thah bawl ahih diing A lunggulh hi.

Hujiahin, Biaahinn Lianpi bawl diing mite chu Pathian mitmuh a kilawm a ngaihte ahih diing ahi. Amaute chu Pathian tate a lungtang uh teeptansa, lungtang siangthou leh siang, ginna, kinepna, huleh lungsiatna a diing ahi diing ahi. Pathian in Biaahinn Lianpi A ta suhsiangthou a umte'n a bawl uh A muh chiangin, biaahinn lim leh meel A muh jiah chauh in A kipaah diing ahi sih. Husangin, Biaahinn Lianpi jalin, Ama'n Biaahinn hung kibawldan zousiah A khonung geldoh diinga, huleh A mittui, kipiaahna, leh thuaahtheihna gah A ta dihtahte chinteng A he zing diing hi.

Biaahinn Lianpi in thusoi poimohtah lianpi a nei hi. Hikhu in mihingte chituhna leh haichi hoih aat zoh a Pathian a diinga

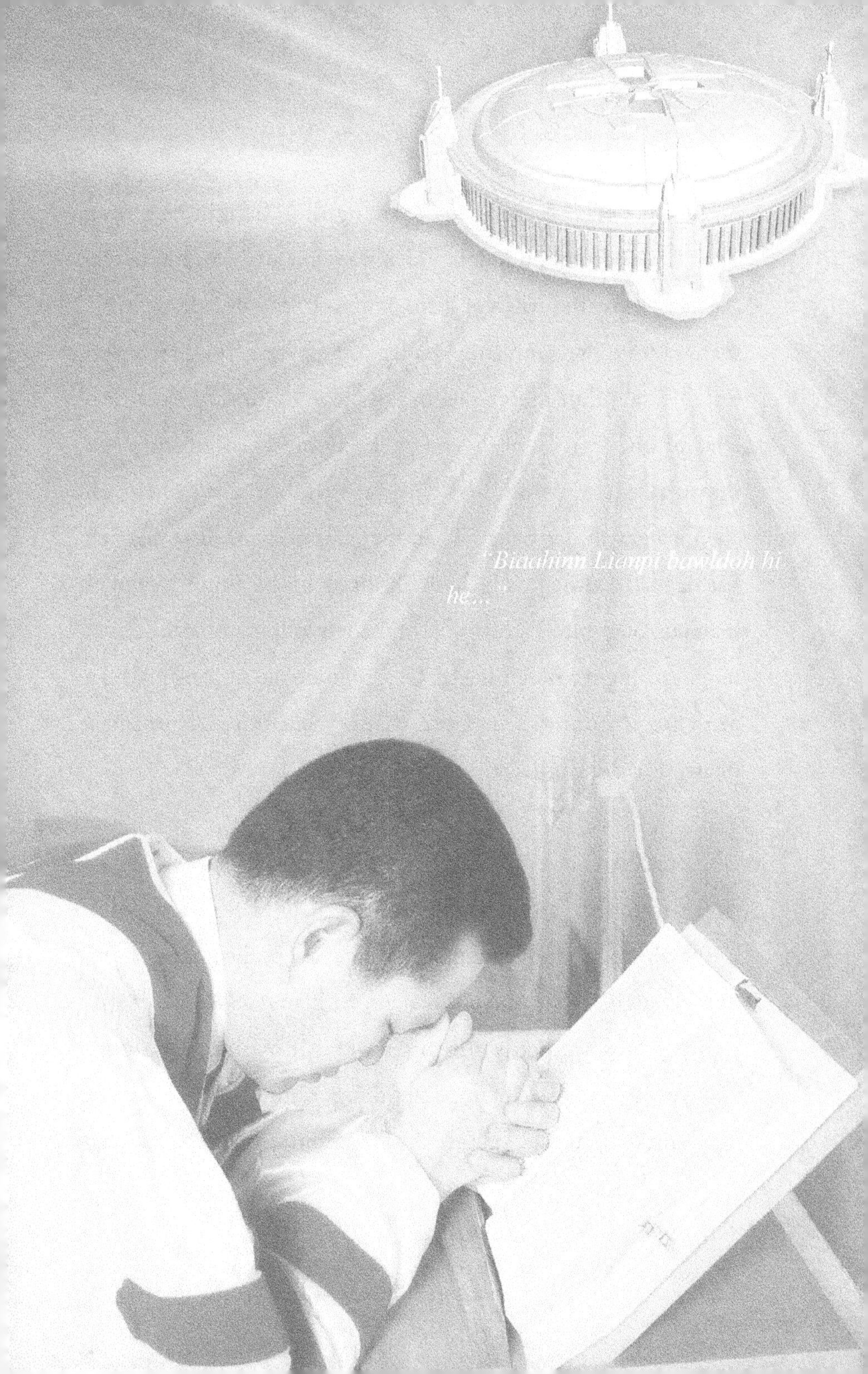
"Biaahinn Lianpi bawkdoh hi
he..."

lungnopna etsahna heetzingna suangphuh bangin na a tong diing hi. Hikhu ni nunungte hun a bawl ahi ajiahchu hikhu chu Pathian loupina khovel a mi zousiah kawm a langsahtu suangphuh tobang inn ahi. A vailam 600 meters (tong 1970 vel) huleh a saandan meter sawmsagih (tong 230) ah, Biaahinn Lianpi chu inn liantah vanzat kilawmtah, vaangtah, leh manphatahte a siam ahi diinga, huleh a ning chih leh cheimawina ah, Jerusalem Thah loupina, ni-guup silsiamna, leh Pathian silbawltheihna belhsah ahi diing hi. Biaahinn Lianpi et maimai zong mite Pathian kilawmna leh loupina phawhdohsah teiteina diingin a hun diing hi. Gingtu loute nasan zong hukhu a muh un limdangsa in a um diing va huleh A loupina a phawhdoh diing uhi.

A tawpna ah, Biaahinn Lianpi kisa chu hagau simseenglouhte'n hutdamna a tanna diing va kisahkhawlna kuang ahi diing hi. Ni nunungte a sualna leh giitlouhna ahung haat chiangin, Noah hun laia bangin, Pathian tate, Ama'n chin a, A ngaihte'n a pui uh mihingte Biaahinn Lianpi a ahung paikhawm va huleh Amah gingta diinga ahung kuan chiangun, hutdamna a tang thei diing uhi. Thamlou in mite'n Pathian loupina leh silbawltheihna thuthang ahung za diing va, huleh amau mah in ahung diing va ahung mu diing uhi. Ahung chiangun, Pathian chetna simseenglouhte lah in a um diing uhi. Hagaulam gam thuguuhte hilh in a um diing va hleh Pathian Amah lim suun ta dihtahte laah diinga hawltu deihzawng hilhchian ahi diing uhi.

Biaahinn Lianpi chu i Lalpa Hung Kiit ma a khovel huap a tanchinhoih kithehdalna hun nunungpen a halkhat banga natongtu ahi diing hi. Huban ah, Pathian in Manmin kawm ah Biaahinn Lianpi kisah patna hun ahung tun chiangin, Ama'n kumpite leh mi hausa leh silbawltheite innbawlna a kithuahpih diingin ahung pui diing hi chiin A hilh hi.

A kiphuh tuung apat in, Pathian in ni nunungte tungtaang soilawhnate leh Manmin Central Church a diinga A silphatuam bawlsah A langsah hi. Tuni tan in zong, Ama'n A silbawltheihna khangtou zing ahung langsah zing a huleh A thu A sutaangtung zing hi. Kouhtuam khangthu pumpi ah, Pathian in Amah ngei in Manmin in A silphatuam bawlsah suhbuchingna diingin A pui hi. Huban ah, Lalpa hung kilehkiit hun tung masiah, toh diing ahung piaah zousiah suhbuching diing leh khovel pumpi a Lalpa loupina langsah diingin ahung pui diing hi.

Johan 14:11 ah, Jesu'n hichiin ahung hilh hi, "Kei Pa ah ka uma, huleh Pa keiah a um chih hung gingta un; ahihlouhleh silbawlte jiah beehin hung gingta un." Daanpiaahkiitbu 18:22 ah, hichibangin i mu uhi, "Zawlnei khatin Lalpa mina thu asoi a, hu silin ahung juihlouh a, ahung taangtun louha ahihleh, hu thu chu Lalpa soilouh ahi a, hu zawlneipa'n apawng soi ahi: amah chu na laulouh diing ahi." Manmin Central Church a silbawltheihna leh soilawhna latsah leh phuangdohte tungtawn a Pathian silphatuam bawlsah na hung heetsiam uh ka kinem hi.

Ni nunungte a Manmin Central Church tungtawn A silphatuam bawlsah subuching in, Pathian in hih chu zaankhat thu in halhthahna leh silbawltheihna A pe sih hi. Ama'n kum sawmnih val ahung zilsah hi. Taang sang leh keen a kaltouh leh tuipi huhamtaha tuifawn sangtah laha longheeh bangin, Ama'n sawina tungtawn a hung pui zing in, huleh hutobang sawinate a ginna dettah toh palkai zoute tungtawn in, khovel mission suhbuchin theihna beel khat in ahung siamdoh hi.

Hikhu chu koipouh tung ah a dih hi. Jerusalem Thah luut theihna diing ginna chu zaankhat thu in ahung kisiamdoh ahihlouhleh ahung piching sih hi; na halh zing a huleh i Lalpa hung kilehkiitna ni diinga na kisingsah a ngai hi. Hite zousiah tung ah, sualna baangte susia inla, huleh, ginna kihenglou leh dettah toh, vaangam lam delh in. Hitobang thupuuhna kihenglou toh malam na nawt chiangin, Pathian in hagaulam hihtheihna leh thuneihna hukhu tungtawn a ni nunungte a A silphatuam bawlsah diinga A beel manpha banga zat na hung hihtheihna diing ahung pe diing hi.

Koipouh in Lalpa ahung kiit a huleh kumtuang vaangam leh Jerusalem Thah Khopi a i muh kiit masang va na ginna dettah uh na tudet uh chu, i Lalpa Jesu Khrist min a ka haamteina ahi!

A Gialtu
Dr. Džejs Roks Lī

Dr. Jaerock Lee chu Muan, Jeonam Province, Republic of Korea ah 1943 kum in a piang hi. Kum sawmnih ahihnungin, Dr. Lee chu suhdamtheihlouh natna tampi kum sagih sung a thuaah a, huleh damdohna diing kinepna um lou in sih diing ngaah in, a um hi. Kum 1974 in khokhal laiin ni khat a sanggamnu'n biaahinn a pui hi huleh khupdin a, a thum chiangleh, Pathian Hing in a natna zousiah apat in a damsah veh hi.

Hutobang siltuaah toh Dr. Lee in Pathian Hing a muh toh kiton in ama'n Pathian a lungtang leh a chihtahna zousiah toh a lungsiat a, huleh 1978 kum in Pathian suaah diinga kouh in a um hi. Ama'n Pathian deihzawng kichiantaha a heettheihna diing leh a suhbichintheihna diing leh Pathian Thute a man veh theihna diingin chihtahtahin a thum hi. 1982 kum in, Manmin Central Church, Seoul, Korea ah a phutdoh hi, huleh Pathian natohna simseenglouh, limdangtaha suhdamna leh silmahte zong tel in, a biaahinn ah a tung hi.

1986 kum in, Dr. Lee Annual Assembly of Jesus' Sungkyul Church of Korea ah pastor a ordained ahi a, huleh kum li zou in 1990 kum in, a thusoite Australia, Russia, Phillipines leh a dang tampi a Far East Broadcasting Company, Asia Broadcast Station, leh Washington Christian Radio System tungtawn in hahdoh ahi.

Kum thu zohin 1993 kum in, Manmin Central Church chu Christian World magazine in (US) in 'World's Top 50 Churches (Khovel a Kouhtuam Lian 50 te)' laha khat in a teldoh hi huleh ama'n Honorary Doctorate of Divinity, Christian Faith College, Florida, USA apat a ngah hi, huleh 1996 kum in Kingsway Theological Seminary, Iowa, USA ah Ph. D in Ministry a la hi.

1993 apat in Dr. Lee in tuipi gaal lam gamte, Tanzania, Argentina, L.A., Baltimore City, Hawaii, and New York City of the USA, Uganda, Japan, Pakistan, Kenya, the Philippines, Honduras, India, Russia, Germany, Peru, Democratic Republic of the Congo, leh Israel a crusade a bawlna tungtawn in world mission ah lamkaihna a la hi. 2002 in amah chu gamdang a, a Kigawm Chialpina Thupi tuamtuamta a natohna jiahin Korea a Khristian tanchinbu liante ah "khovel pumpi pastor" chia kouh in a um hi.

September 2010 tan ah, Manmin Central Church in kouhtuam member 10,000 val a nei hi. Gamsung leh tuipi gaal ah kouhtuam 9,000 khovel pumpi huap in a nei a, huleh missionari 132 valte gam 23, United States, Russia, Germany, Canada, Zapan, China, France, India, Kenya, leh adang tampi telin a sawldoh hi.

Hi lehkhabu kisuahdoh hun tan in, Dr. Lee in lehkhabu 60, bestsellers Sih Ma A Kumtuang Hinna Cheplawhna (Tasting Eternal Life Before Death), Ka Hinkhua Ka Ginna I &II (My Life My Faith I&II), Krosss in a Thusoi (The Message of the Cross), Ginna Buuhna (The Measure of Faith), Vaangam I & II (Heaven I & II), Meidiil (Hell), huleh Pathian Silbawltheihna (The Power of God), tel in a gial hi. A lehkha gelhte haam 44 valin lehdoh ahi.

A Khristian thugelhte, The Hankook Ilbo, The JoongAng Daily, The Dong-A Ilbo, The Munhwa Ilbo, The Seoul Shinmun, The Kyunghyang Shinmun, The Hankyoreh Shinmun, The Korea Economic Daily, The Korea Herald, The Shisa News, leh The Christian Press ah ahung tuang hi.

Dr. Lee chu tu leh tu in missionary organization leh association tampi ah lamkai ahi. A hihnate chu: Chairman, The United Holiness Church of Jesus Christ; President, Manmin World Mission; Permanent President, The World Christianity Revival Mission Association; Phutdohtu & Board Chairman, Global Christian Network (GCN); Phutdohtu & Board Chairman, World Christian Doctors Network (WCDN); huleh Phutdohtu & Board Chairman, Manmin International Seminary (MIS)te hihna a tu hi.

www.ingramcontent.com/pod-product-compliance
Lightning Source LLC
LaVergne TN
LVHW021813060526
838201LV00058B/3359